Bernd Imgrund

Clever durch Köln

Vom Weinberg zum Wallfahrtsort

10 Themen-Touren zu Fuß und mit dem Rad

Greven Verlag

Inhalt

Vorwort

Gibt es in Köln Weinberge? Aber ja, mehrere sogar! Man muss allerdings bereit sein, das Wort „Berg“ ein wenig großzügig auszulegen. In alter Zeit waren weite Teile des Stadtgebiets mit Rebstöcken bepflanzt, Köln war eher eine Wein- als eine Bierstadt. Die Zeiten haben sich gewandelt, aber Spuren haben sich erhalten. Und deshalb findet sich in diesem Buch eine Tour zu den Relikten der Kölner Weinhistorie.

Thematische Touren, das bedeutet: Man greift sich aus dem reichhaltigen Schatz der Großstadt ein Sujet heraus und beginnt zu recherchieren. Nicht jeder Ausflug zu den früheren Wohnstätten von Karl Marx oder zur Kölner Luftfahrtgeschichte lockt mit sensationellen Sehenswürdigkeiten. Aber auch unscheinbare Überbleibsel erzählen oft interessante Geschichten. Wussten Sie, dass im Inneren Grüngürtel bis 1966 ein Hubschrauber-Flughafen lag? Heute wird an genau jenem Ort Tennis und Basketball gespielt. Ist Ihnen schon einmal die sich im Wind wiegende Skulptur über dem Jupp-Schmitz-Plätzchen in der Altstadt aufgefallen? „Four Trapezoids as two Rectangles IV“ heißt sie und stammt von dem US-Amerikaner George Rickey, der für seine windkinetischen Objekte bekannt wurde.

Manchmal lohnt es sich, den Bodenbelag genauer unter die Lupe zu nehmen. Ein andermal entdeckt man Neues, indem man den Kopf in den Nacken legt. In beiderlei Hinsicht geben die hier versammelten Touren einigen Anlass.

Viel Spaß dabei,
Bernd Imgrund

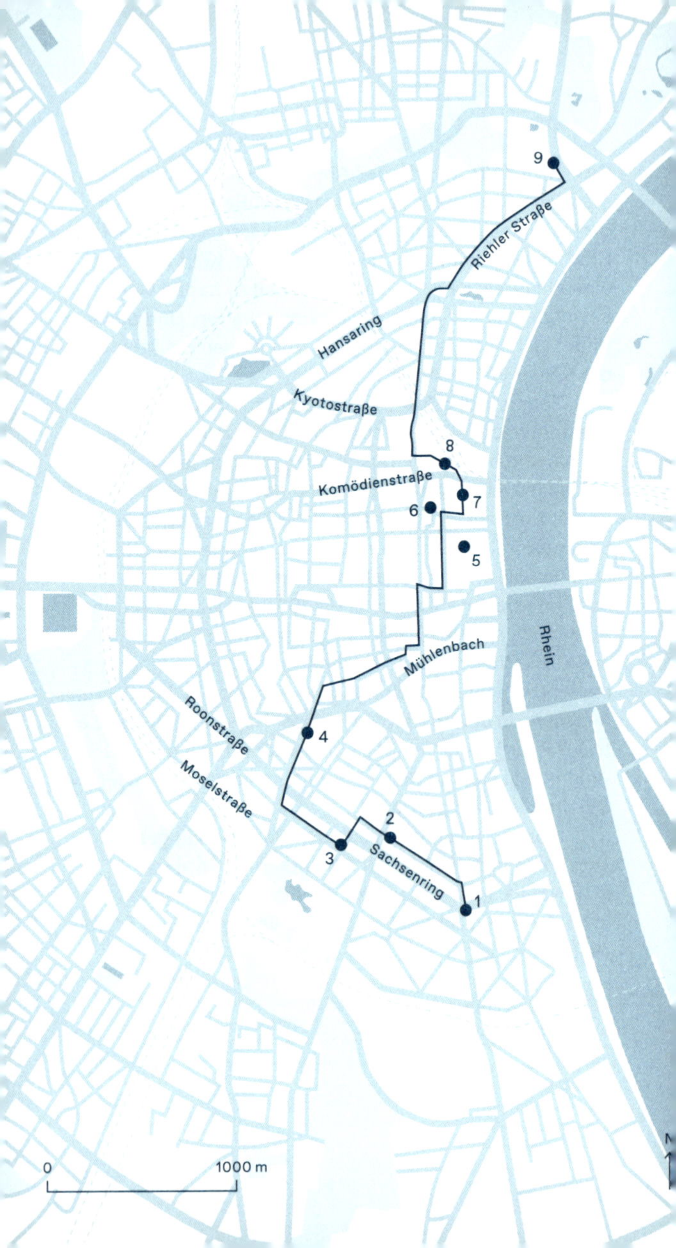

9
Riehler Straße
Hansaring
Kyotostraße
8
Komödienstraße
7
6
5
Rhein
Mühlenbach
4
Roonstraße
Moselstraße
2
3
Sachsenring
1
0
1000 m

Die Spur des Weines
Kölns verschüttete Rebenhistorie

Tour 1
Chlodwigplatz → Riehler Straße
Länge: 7 km
2,5 Stunden zu Fuß
1,5 Stunden mit dem Fahrrad

Noch im 17. Jahrhundert war ein Viertel der Fläche innerhalb der mittelalterlichen Stadtmauern mit Reben bepflanzt. Die damals 90 Hektar waren zu Anfang des 19. Jahrhunderts auf 35 geschrumpft, es ging bergab mit dem Weinanbau in Köln. Aber die Tradition lebt – in kleinem Maßstab – weiter.

Wir starten vor dem Weinberg an der Severinstorburg. →1
Jahrelang kämpfte der „Stadtwinzer" Thomas Eichert dafür, den stadtauswärtigen Südhang des Tores mit Rebstöcken bepflanzen zu können. 2017 war es dann so weit, die Stadt verpachtete ihm die paar Quadratmeter – zunächst für einen Euro pro Jahr. 50 Pflanzen verschiedenster Provenienz fanden Platz: die weißen Sorten Solaris, Johanniter und Souvignier gris sowie die roten Cabernet Cortis, Monarch und Accent. Schon einige Jahre früher hatte Eichert damit begonnen, ausgewählte Hausfassaden mit Wein zu schmücken. Südliche Hauswände sind die besten Steilhänge, sagt er.

Weinberg an der Severinstorburg

Am Chlodwigplatz beginnt der Kartäuserwall, der an der Ulrepforte endet, einem Teil der alten Stadtmauer. Das Gelände rund um die Kartäusergasse gehörte bis zur

Franzosenzeit dem nahen Kartäuserkloster. Als man 2008
→ 2 auf Höhe der heutigen Nummer 28 eine Baugrube aushob, erfuhren die Archäologen, was die Mönche hier einst anbauten: Wein. Eine auf dem Gelände gefundene Steintafel berichtet zudem von der Verpachtung eines Gutes samt Weingärten und Kelter.

Der „Müde Funk" vor der Ulrepforte

Wir folgen weiter dem Kartäuserwall und sehen vor uns den mittelalterlichen Sachsenturm, in dem heute die Blauen Funken residieren. Hier überqueren wir die Ringe
→ 3 und kommen über die Overstolzenstraße ins Winzerviertel. Der Name verdankt sich einer Anwohnerinitiative, die sich an den Straßennamen orientierte: Burgunder-, Mosel-, Saar- und Pfälzer Straße verweisen samt und sonders auf Weinanbaugebiete. Zwar befinden wir uns hier jenseits der alten Stadtmauer und damit auf dem ehemaligen Schussfeld, aber Landwirtschaft, also auch Weinanbau, durfte hier in Friedenszeiten durchaus betrieben werden. Bemerkenswert ist vor allem das Haus Lothringer Straße 40 unweit der Overstolzenstraße: Das ehemalige Kutschergebäude im rheinischen Fachwerkstil ließ der Seilerei-Besitzer Arnold von Guilleaume 1897 errichten.

Wir folgen der Lothringer, die zur Burgunderstraße wird, und biegen rechts ab in Am Duffesbach. Wieder überqueren wir die Ringe und stehen nach 200 Metern vor dem Eingang von St. Pantaleon. Die romanische Kirche mit → 4 dem imposanten Westwerk beherbergt unter anderem das Grab der Kaiserin Theophanu. St. Pantaleon wurde einst durch den Duffesbach mit Wasser versorgt. Mittelalterliche Stadtansichten belegen, dass fast die gesamte Fläche rund um die Abtei mit Weinreben bestanden war. Die Weingärten wurden wohl überwiegend von Pächtern bewirtschaftet.

St. Pantaleon

Die Straße Am Weidenbach überquert die breite Schneise Rothgerberbach, heißt jetzt Griechenpforte und dann Kleiner Griechenmarkt. Direkt an der ersten Kreuzung steht rechts ein Überrest der römischen Stadtmauer. Schon bald geht rechts der Große Griechenmarkt ab, dem wir folgen, bis wir nahe der Ecke zur Kaygasse ein Bronzeschild entdecken, das an den Lehrer Welsch erinnert: „En d'r Kayjass Nummer Null" zählt zu den schönsten kölschen Evergreens. Wir biegen links in die Kämmergasse und direkt wieder rechts in die Agrippastraße ab, überqueren die Nord-Süd-Fahrt und gelangen an die Hohe Pforte. Hier in der Fußgängerzone schwenken wir nach links, überqueren die breite Cäcilienstraße und biegen am Merzenich rechts in die Gürzenichstraße ab. Wenn wir dann nach rund hundert Metern links auf den Quatermarkt wechseln, passieren wir zunächst den altehrwürdigen Gürzenich, Kölns Festhalle aus dem 15. Jahrhundert. Direkt dahinter steht die Ruine von St. Alban mit dem eindrucksvollen Kunstwerk „Trauernde Eltern". Diese Nachbildung eines Mahnmals von Käthe Kollwitz schufen die Ewald-Mataré-Meisterschüler Joseph Beuys und Erwin Heerich.

Hansasaal im Rathaus

Hinter dem Wallraf-Richartz-Museum heißt die Straße Unter Goldschmied und führt uns auf den Rathausplatz mit
→ 5 dem Rathausturm. Weil hier zurzeit das Jüdische Museum (MiQua) gebaut wird, empfiehlt sich für die freie Sicht ein Abstecher auf den Alter Markt. Der Kölner Sprachforscher Adam Wrede (1875–1960) weiß zu berichten, dass der Turm 1406 auf den „Kelre zo der Stede Weynen", also auf einen Weinkeller, gesetzt wurde. Dieser wurde als Depot der Ratsherren beibehalten. Wer zu einer Sitzung erschien, wurde mit sogenannten Weinmarken belohnt, die er gegen städtischen Rebensaft einlösen konnte. Am Marsplatz, direkt neben dem Rathaus, liegt das traditionsreiche Weinhaus Brungs. Die elaborierte Weinkarte lohnt eine erste Pause. Und da wir hier mitten in der Altstadt sind, sei auch an das Stapelhaus am Fischmarkt erinnert. Dank

des 1259 verliehenen Stapelrechts mussten alle Handelsschiffe ihre Waren in Köln abladen und drei Tage lang feilbieten – dabei gelangten auch Abertausende Weinfässer in kölsche Hände.

Auf Unter Goldschmied geht es weiter Richtung Dom. Vor dem Roncalliplatz befindet sich links der Heinzelmännchenbrunnen. Köln gilt heutzutage als Bierstadt, aber als → 6 August Kopisch 1836 sein berühmtes Gedicht schrieb, dominierte offenbar noch der Wein. Die Heinzelmännchen brauen keineswegs Bier, sondern: „Die Männlein sorgten um den Wein / Und schwefelten fein / Alle Fässer ein. / Und rollten und hoben / Mit Winden und Kloben, / Und schwenkten / Und senkten / Und gossen und panschten / Und mengten und manschten. / Und eh der Küfer noch erwacht: / War schon der Wein geschönt und fein gemacht!" Wen es dennoch nach einem Kölsch gelüstet: Direkt nebenan liegt das altehrwürdige Brauhaus Früh.

Reliefdetail am Heinzelmännchenbrunnen

Bis vor einigen Jahren hätte sich von hier aus ein Abstecher nach Westen gelohnt. An seinem Amtssitz an der Zeughausstraße betrieb der einstige Regierungspräsident Franz-Josef Antwerpes von 1981 bis 2012 einen kleinen Wingert. Ernte und Versteigerung des Weins (für einen guten Zweck) erfolgten stets unter großem Medienauflauf. Für die nächsten Jahre geschlossen bleibt auch das Römisch-Germanische Museum, das umgebaut wird. Sein

→ 7 berühmtes Dionysosmosaik wurde mit Schutzfolie bedeckt und kann dementsprechend nicht besichtigt werden. Dieser faszinierende 70 Quadratmeter große Steinteppich zeigt in seinem Zentrum den betrunkenen Gott des Weines und der Ausschweifung, wie er sich schwankend auf einen Satyr stützt. 1999 speisten die Staats- und Regierungschefs der acht wichtigsten Wirtschaftsnationen beim G8-Gipfel auf dem mit einer Glasplatte abgedeckten Mosaik.

Detail des Dionysosmosaiks

Der Dionysosbrunnen

Wir bleiben also am Heinzelmännchenbrunnen und folgen von hier aus dem Sträßchen Am Hof hinunter gen Rhein, um dann links auf den Kurt-Hackenberg-Platz einzuschwenken. An der Philharmonie vorbei und durch die Unterführung hindurch gelangen wir zum 1973 von Karl

Burgeff entworfenen Dionysosbrunnen. Die schwere, → 8
überlebensgroße Bronzefigur fläzt sich genüsslich auf einem Granitsockel. In der Hand hält Dionysos ein mit Trauben verziertes Trinkhorn, und seine gewaltigen Fußgelenke schmücken opulente Traubenkettchen.

Im Weinmuseum

Wir schwenken nach links, überqueren den Bahnhofsvorplatz und gelangen an den Taxis vorbei zu einem Kreisverkehr, den wir nach rechts in die Marzellenstraße hinein verlassen. Hinter der Bahnunterführung wird sie zum Eigelstein, wo als Nummer 74 das Weinhaus Vogel liegt. Die Weinkarte dieses hübschen, brauhausartigen Lokals ist üppig, auch der Schaufensterschmuck huldigt der Weintradition. Hinter der Eigelsteintorburg überqueren wir den Ebertplatz, um unsere Tour schräg rechts auf der Riehler Straße fortzusetzen. Kurz vor dem Zoo liegt linker Hand das Kölner Weinmuseum mit der Adresse → 9
Amsterdamer Straße 1 (geöffnet Di–Do 13–18 Uhr). Die so lehrreiche wie bunte Sammlung präsentiert historische Flaschen, Fässer und Kelterwerkzeuge sowie Informationen zur Geschichte des Weines, nicht nur in Köln. Höhepunkt der Schau ist der Besuch des Gebäudedachs, denn auf dieser schräg nach Süden ausgerichteten Fläche befindet sich ein veritabler Weinberg mit zahllosen Rebsorten. Da dieses privat betriebene Museum Teil des Kölner Weindepots ist, kann beinahe jede erdenkliche

Art von Rebensaft direkt vor Ort im Erdgeschoss erworben werden (Führungen und weitere Informationen siehe www.koelnerweindepot.de).

Tipp:

Auch die Kirche St. Pius in Zollstock, Ecke Gottesweg und Bauerbankstraße, verfügt über einen kleinen Weinberg.

Weinberg auf dem Dach des Weindepots

5
Richartzstraße
Minoritenkirche
2
Minoritenstraße
Hohe Straße
Ludwigstraße
4
Marspfortengasse
3
1
Brückenstraße

Kölner Dom
7
8
Am Domhof
6
oncalliplatz
Am Hof
Unter Goldschmied
50 m
N

Versteckte Skulpturen Die Augen senken – den Kopf in den Nacken legen

Tour 2

Kolumba Museum → Museum Ludwig

Länge: 1 km

45 Minuten zu Fuß

Zahllose Skulpturen bereichern den öffentlichen Raum. Manche von ihnen wirken jedoch so unscheinbar oder stehen so versteckt, dass man sie ohne Hinweis nicht wahrnimmt. Auf ihnen liegt der Fokus dieser Tour.

Das Kolumba ist für viele Kölner der schönste Museumsbau der Stadt. Als weitere Attraktion kommt hinzu, dass der Architekt Peter Zumthor die von Gottfried Böhm geschaffene Kapelle „Madonna in den Trümmern“ integrierte, deren namensgebende Figur wie durch ein Wunder den Krieg überstand. Angesichts solcher Highlights könnte man beinahe übersehen, dass auch hinter dem Kolumba, an der Ecke Brückenstraße und Ludwigstraße, eine veritable Sehenswürdigkeit auf Besucher wartet. Ulrich Rückriems
→ 1 „Bleu de Vire“, so benannt nach der Granitart, ist fast drei Meter hoch. Insider erkennen sofort den typischen Stil des 1938 geborenen Bildhauers: Bohrungen und Schnitte bleiben sichtbar, das Kunstwerk steht ganz für sich als ein erratischer Block.

„Bleu de Vire“ von Ulrich Rückriem

Wir gehen auf der Ludwigstraße weiter nach links bis zur Minoritenkirche. Dort sehen wir die leicht gebeugte, grob behauene Skulptur des Jesuitenpaters Johann Adam Schall von Bell. 1592 geboren, führte er ein abenteuerliches Leben. → Mit 25 Jahren machte er sich nach China auf und brachte es dort zu hohem Ansehen. 1644 wurde der Astronom und Mathematiker Leiter des Astronomischen Amts und stieg anschließend zum Mandarin und Berater des chinesischen Kaisers auf. Schall von Bell starb 1666 in Peking. Ein Rundgang um die Minoritenkirche führt uns zu weiteren skulpturalen Denkmälern. Auffällig sind die Statuen von Ferdinand Franz Wallraf und Johann Heinrich Richartz vor dem Museum für Angewandte Kunst, das Denkmal für Adolf Kolping sowie die Hauptportaltür der Minoritenkirche mit den Reliefs von Duns Scotus und Adolf Kolping. Achten sollte man jedoch auch auf das Stück der römischen Wasserleitung, die drei historischen Steinsärge sowie die rostige, stelenartige „Figur“ von Michael Croissant.

Denkmal für Johann Adam Schall von Bell

Stadteinwärts auf der Minoritenstraße überqueren wir die Hohe Straße, um rechts in die Marspfortengasse abzubiegen. Der erste, noch immer recht schäbige Platz vor dem Parkhaus ist Karl Küpper (1905–1970) gewidmet. Der Büttenredner war einer der wenigen Karnevalisten, die sich trauten,

bei ihren Auftritten die Nationalsozialisten zu persiflieren und zu kritisieren. Den zweiten kleinen Platz zur Linken ziert das lebensnahe Denkmal für Jupp Schmitz (1901–1991). Der kölsche Sänger mit dem markanten Schnurres komponierte Evergreens wie „Wer soll das bezahlen“, „Es ist noch Suppe da“ und „Am Aschermittwoch ist alles vorbei“. Während Schmitz an seinem Klavier sofort ins Auge fällt, übersieht man leicht jenes in rund sechs Metern Höhe hängende Gebilde zwischen den beiden Plätzchen. Doch lohnt es sich, den Kopf in den Nacken zu legen und nach oben zu schauen, schweben dort doch die „Four Trapezoids
→ 3 as two Rectangles IV“ von George Rickey (1907–2002). Sein windkinetisches Objekt von 1987 besteht aus vier frei hängenden Edelstahlflügeln, die sich im Wind wiegen. Mit jeder Brise entstehen dabei neue Konstellationen.

George Rickey, „Four Trapezoids as two Rectangles IV“

Durch die schmale Salomonsgasse gehen wir zurück auf die Hohe Straße. Am dortigen Eckhaus (Nr. 124, gegenüber von Nr. 111) lohnt es sich ebenfalls, nach oben zu schauen. Was aussieht wie ein Planetensystem, heißt „Licht und
→ 4 Bewegung“ und stammt von Otto Piene (1928–2014), einem Wegbereiter der Lichtkunst. Hier wurde das dama-

lige Modegeschäft Wormland 1966 zunächst mit stark reflektierenden Edelstahlplatten verkleidet, darauf brachte Piene dann an Stecknadeln erinnernde Stangen mit Kugeln an. Diese sind mit Leuchtkörpern versehen und würden sich auch drehen, wenn jemand den alten, noch immer funktionstüchtigen DDR-Motor überholen würde. Dann könnten Passanten wieder die Lichtreflexe bestaunen, die dieses eigenwillige Kunstwerk einst hervorrief. Aber auch stillgelegt weiß die Plastik noch durch ihre Rätselhaftigkeit und Eleganz zu überzeugen.

Otto Piene, „Licht und Bewegung“

Gerhard Marcks, „Gaea II“

Wir folgen der Hohe Straße gen Dom und biegen rechts in die überdachte Stollwerckpassage ab. Dort steht – abseits der Touristenströme und des Einkaufstrubels – die „Gaea II“
→ 5 von Gerhard Marcks. Wenn soeben von Eleganz die Rede war, dann gilt dies hier umso mehr. Stille Anmut strahlt diese entrückt wirkende Erdmutter aus, die der Wahlkölner Marcks (1889–1981) 1965 schuf. Griechische Statuen mögen Vorbild gestanden haben, deren edle Schlichtheit Marcks in dieser Bronzefigur weiter zuspitzte. Wie ein älterer Bruder wirkt eine andere bekannte Skulptur des Künstlers: der Albertus Magnus vor dem Hauptgebäude der Universität.

„Columne pro Caelo“ von Heinz Mack

Wer eine Stärkung braucht, setzt sich nun eine Weile in den Biergarten des angrenzenden Brauhauses Früh. Alle anderen gehen am Heinzelmännchenbrunnen (siehe Tour 1) vorbei auf die Domplatte. Nicht gerade „versteckt“, aber von vielen Passanten unbeachtet steht dort auf dem
→ 6 Roncalliplatz die „Columne pro Caelo“ von Heinz Mack (geb. 1931). Der 1984 aufgestellte Monolith aus portugiesischem Granit ist 9,80 Meter hoch und wiegt mehr als 60 Tonnen. Mack, Mitbegründer der Gruppe ZERO, war

mehrfach auf der documenta und 1970 auf der Biennale in Venedig vertreten. Von ihm stammt auch die Lichtkunst für die Fassade des KölnTurms im Mediapark.

Ewald Mataré, Bronzetür

Ewald Mataré, Detail einer Bronzetür

An Macks Himmelssäule vorbei kommen wir zum Querhaus des Kölner Doms. Stünden wir innen, könnten wir das hier installierte Fenster von Gerhard Richter bewundern. Da es seine Wirkung jedoch nur im Innenraum entfaltet, wenden wir uns lieber den vier Bronzetüren von Ewald Mataré zu. → 7
Mittig dominieren die Bischofs- und die Papsttür aus dem

Jahr 1948, geschmückt mit den Wappen von Erzbischof Josef Kardinal Frings und Papst Pius XII. Unter Frings sehen wir zudem sieben Heilige, die alle in einem historischen oder legendenhaften Bezug zu Köln stehen: unter anderem Ursula und Gereon sowie der Gelehrte Albertus Magnus. Auf der linken Pfingsttür (1953) steht dem knienden Noah das brennende Köln gegenüber. Die rechte Schöpfungstür wiederum versah Mataré (1887–1965) im Jahr 1954 mit dem alttestamentarischen brennenden Dornbusch und einer Anspielung auf die Geschichte von Eva und ihrer Zeugung aus Adams Rippe.

Lawrence Weiner, „To build a Square in the Rhineland"

Wir wenden uns nach rechts, gehen an der Dombauhütte
vorbei und bleiben vor dem Buchladen des Museums
Ludwig stehen. In den Boden eingelassen ist hier das Kunst-
→ 8 werk „To build a Square in the Rhineland" von Lawrence
Weiner (1942–2021). Was man zunächst für einen überdimensionierten Kanaldeckel halten könnte, entpuppt sich bei näherer Betrachtung als eine bewusste Irritation im ansonsten „sprachlosen" Bodenbelag. Weiners Quadrat von 1995 gibt uns mit seiner Beschriftung ein Rätsel auf: „1 × ETWAS ANDERES & 2 ANDERE DINGE" steht da in Deutsch und Englisch. Wer dieses Spiel anregend findet, mag sich auf die Suche machen – drei weitere Weiner-Squares sind im Stadtgebiet verteilt: ein zweites vor dem Museum, eines auf der Domplatte an der Nordwestecke

der Kathedrale (zwischen Freitreppe und römischem Stadttor) und ein letztes vor dem Eingang zum Stadtgarten. Am Museum Ludwig beginnt zudem die großflächige Installation „Ma'alot" von Dani Karavan. Wer jedoch genug gesehen hat, sollte die Treppe hinunter zur Altstadt nehmen und sich jenem skulpturalen Objekt widmen, das in Köln stets die Nummer 1 bleiben wird: der Kölschstange.

Dani Karavan, „Ma'alot"

Luftfahrtgeschichten
Vom Butz zur Kunibertsrampe

Tour 3

Butzweilerhof → St. Kunibert

Länge: 15 km

1,5 Stunden mit dem Fahrrad

1
2
4
3
5
Hugo-Eckener-Straße
Westfriedhof
Rochusstraße
Frohnhofstraße
Äußere Kanalstraße
Venloer Straße
Militärringstraße
Widdersdorfer Straße
0
1000 m

Hansaring
10
6
7
8
9
Aachener Straβe
Universitätsstraβe
Rhein
N

Der Flughafen in Wahn ist nicht alles, was Köln in Sachen Luftfahrt zu bieten hat. Auch an anderen Orten in der Stadt wurde gestartet und gandet. Einige Relikte sind bis heute zu besichtigen.

Der wichtigste Ort der Kölner Luftfahrtgeschichte liegt in Ossendorf, und dort soll unsere Tour auch beginnen. Am Butzweilerhof, einst ein Bauernhof, wurde ab 1912 ein → 1 Flughafen angelegt. Flugpionier Jean Hugot hatte genau hier zwei Jahre zuvor einen erfolgreichen Flugversuch mit einem selbst konstruierten Flieger unternommen. Ein paar Sekunden lang konnte er die Höhe von sage und schreibe zwei Metern halten. Der Flughafen im Kölner Norden wurde bis 1957 für die militärische, aber auch für die zivile Luftfahrt genutzt. Im Jahr seiner endgültigen Schließung, 1980, feierte Papst Johannes Paul II. auf dem ehemaligen Flugfeld eine Messe, an der 380.000 Gläubige teilnahmen. Bis heute erhalten hat sich unter anderem das 1936 eröffnete Empfangsgebäude, zu finden an der Ecke Rita-Maiburg- und Käthe-Paulus-Straße. Vor dem Haupteingang steht seit 1995 eine Stele aus Sandstein und Basalt, deren vier Seiten die Geschichte des „Butz" nachzeichnen. Heutzutage ist auf dem Gelände die „Motorworld Köln" angesiedelt. Neben der Oldtimer-Ausstellung geht es dort auch um die Geschichte der Kölner Luftfahrt.

Historisches Flugzeug auf dem Parkplatz der „Motorworld"

Eine der angrenzenden Straßen ist nach Arthur Delfosse (1883–1956) benannt. 1909 baute er einen flugfähigen Eindecker und gründete anschließend in Riehl die erste deutsche Flugmotorenfabrik. Die Rita-Maiburg-Straße wiederum ist nach einer deutschen Pilotin benannt: Rita Maiburg (1952–1977) war die erste Linienflugkapitänin der Welt. Sie starb mit 25 Jahren nach einem Autounfall. Ihre Straße endet nach 30 Metern gen Westen an der Fitzmauricestraße, auf die wir nach links abbiegen, um nach 200 Metern rechts in die Hugo-Eckener-Straße zu wechseln. Sie führt uns zum Militärring, dem wir kurz nach links folgen, um auf Höhe des links gelegenen Westfriedhofs rechts in die schmale Andreas-Muhr-Straße einzuschwenken. Über die Venloer Straße hinweg wird sie zum Freimersdorfer Weg, von dem nach wenigen
→ 2 Metern rechts ein gepflasterter Weg zum Fort IV führt. Der 1877 von den Preußen errichtete Festungsbau bot einst Platz für 2500 Mann. Von 1909 bis 1914 waren hier die Soldaten des Luftschifferbataillons Nr. 3 untergebracht. Zum Dienstantritt marschierten sie von hier aus rund 30 Minuten bis zur ehemaligen Luftschiffhalle in Bickendorf, deren Areal auch wir gleich betreten werden. Zuvor jedoch noch der Hinweis, dass das recht gut erhaltene Fort IV auch im Zweiten Weltkrieg militärisch genutzt wurde: Die Luftwaffe unterhielt hier von 1940 bis 1945 einen Luftabwehr-Gefechtsstand.

Das Fort IV in Bocklemünd

Wir fahren zurück zur Venloer Straße und folgen ihr stadteinwärts, um direkt hinter dem Westfriedhof links in die Westendstraße abzubiegen. Die schlichte Bebauung zur Rechten gibt keinen Hinweis darauf, dass man von hier einst auf eine gigantische Halle blickte. 152 Meter lang, 50 breit und 30 hoch war die Kölner Luftschiffhalle zwischen Ossen- → 3 dorfer Weg und Venloer Straße. 1909 (in nur vier Monaten!) erbaut, bot der „Reichsluftschiffhafen Coeln" Platz für drei Luftschiffe, vulgo Zeppeline. Hier in Bickendorf landete 1909 Graf Ferdinand von Zeppelin mit seiner „Z II", nachdem er den Kölner Himmel großzügig gekreuzt hatte.

Der letzte Luftschiffanker

1970 wurde die Halle abgerissen, und beinahe wäre auch ihr allerletztes Relikt ein Opfer der Bagger geworden. Glücklicherweise jedoch können wir es heute besichtigen, indem wir zunächst weiter der Westendstraße folgen. Nach einem Rechtsknick beginnt der Mühlenweg, der uns zur Kreuzung mit der Mathias-Brüggen-Straße führt. Direkt links residiert als Nummer 68 die Firma Colonia Spezialfahrzeuge. Auf der kleinen Grünfläche vor den Büros steht ein unscheinbares Gewächshaus, das den letzten erhaltenen Luftschiffanker beherbergt. Rund einen Kilometer von → 4 der Luftschiffhalle entfernt lagen diese Anker, mit deren Hilfe die Zeppeline bei schlechtem Wetter landen konnten. Wie man liest, handelt es sich sogar um das letzte Exemplar in ganz Europa.

Wir radeln zurück zum Mühlenweg und folgen ihm nach links bis über die Gleise. Dahinter geht links die Frohnhofstraße ab, an der als Nummer 103–105 ein roter Gebäudekomplex steht. Ursprünglich erbaut wurde er 1914
› 5 für die Flugmaschine REX GmbH. Der Kölner Kaufmann Walter Gutbier ließ hier Ein- und Zweidecker-Flugzeuge bauen. 1918 waren bei REX rund 300 Arbeiter beschäftigt, doch war die Nachfrage begrenzt. Hinzu kamen Auflagen im Versailler Vertrag, sodass man nach dem Ersten Weltkrieg umschwenkte und zur Reparaturwerkstatt für den nahen Flughafen Butzweilerhof wurde. Bis heute erhalten hat sich auch das hübsch geschwungene Pförtnerhäuschen.

Ehemaliges Gebäude der Flugmaschine REX GmbH

Die Frohnhofstraße führt zu einem Kreisverkehr, von dem rechts die Rochusstraße abgeht. An der Ecke zur Subbelrather Straße passieren wir eine auffällige Häusergruppe namens „Bickendorfer Schweiz“ – über einer Natursteinmauer errichtete Backstein-Giebelhäuser. Wo die Rochusstraße die Venloer Straße erreicht, sehen wir gegenüber die kleine Rochuskapelle. Der 1666 nach einer Pestepidemie errichtete Bau wirkt ziemlich verloren in dem Meer aus Asphalt und Beton.

Die „Bickendorfer Schweiz“

Die Reste des Sabena Heliports

Für rund drei Kilometer bleiben wir nun stadteinwärts auf der Venloer Straße und steuern über die Innere Kanalstraße hinweg den Inneren Grüngürtel an. Kurz zuvor haben wir die Ehrenfelder Moschee passiert, nun schwenken wir rechts auf die Wiese ab. Unsere Ziele sind der dortige Tennis- und der Basketballplatz, die durch einen schrägen Asphaltpfad miteinander verbunden sind. Nichts deutet mehr darauf hin, dass hier einst der Sabena Heliport lag, ein → 6 internationaler Hubschrauber-Flugplatz. Von 1953 bis 1966 verkehrten hier die Hubschrauber der belgischen Staatsfluglinie Sabena („Société Anonyme Belge d'Exploitation de la Navigation Aérienne"). Die Presse zeigte sich 1953 begeistert über den „sensationell schnellen Hubschrauberdienst" zwischen Köln und Brüssel, der „genauso selbstverständlich wie eine Straßenbahnhaltestelle" funktioniere. Der Hin- und Rückflug kostete 72 DM, eine Tour dauerte etwa 50 Minuten. Die übermächtige Konkurrenz des expandierenden Flughafens Wahn machte der Luftfahrt im Grüngürtel schließlich den Garaus. Nach mehr als tausend Flügen wurde der Flugplatz am 1. April 1966 geschlossen. Während das Basketballfeld auf dem ehemaligen Landeplatz steht, beherbergte der heutige Tenniscourt das Betriebsgebäude.

Wir bleiben noch bis hinter der Bahnunterführung auf der Venloer Straße, um dahinter links in die Spichernstraße einzuschwenken. Hier fahren wir am Stadtgarten entlang und kommen an dessen ehemaligem Gärtnerhaus von 1888 vorbei. Rechts geht schließlich die Herwarthstraße ab, an der wir vor dem Haus Nummer 31 anhalten.
→7 Eine Inschrift auf dem Fachwerkbalken erklärt den Bezug zur Luftfahrtgeschichte: „Anläßlich seines ersten Besuches in Köln mit seinem lenkbaren Luftschiff LZ. 2 am 5.8.1909 nahm Graf Zeppelin in diesem Hause Wohnung". Der berühmte Luftschiffpionier (1838–1917) nächtigte nach seinem Überflug und den Empfängen im Hause des Rechts-Beigeordneten der Stadt Köln, Herrn Walter Laué.

Inschrift für Graf Zeppelin an der Herwarthstraße

Die Herwarthstraße führt über die Ringe hinweg in den Gereonshof. Wir genießen den Rundblick auf das renovierte Gerlingviertel und passieren die romanische Kirche St. Gereon (die immer einen Besuch wert ist). Die breite Gereonstraße führt uns nach rechts gen Dom. Kurz vor der Kathedrale schwenken wir rechts in das Sträßchen Andreaskloster. Mit St. Andreas, ebenfalls romanisch, ist ein humoriges Kapitel vermeintlicher Luftfahrtgeschichte verbunden. Und zwar insofern, als der hier bestattete Albertus Magnus (1193 (?) – 1280) einst mit der Tochter des Königs von Frankreich von Paris nach Köln geflogen sein soll. Das jedenfalls behauptete der Kölner Laurens Beyerlinck 1631 in seinem Lexikon „Magnum Theatrum Vitae Humanae" (Großer Schauplatz des menschlichen Lebens), in dem er sämtliche ihm bekannten Flugversuche aufführte. Der steinerne Sarkophag des großen Albertus findet sich in der Krypta des ehemaligen Klosters.

St. Andreas

St. Andreas liegt an der Trankgasse, die uns durch den Tunnel unter den Bahnhofsgleisen hinunter zum Rhein führt. Schräg rechts auf der anderen Flussseite, direkt an der Deutzer Brücke, streckt sich das ehemalige Lufthansa-

9 Hochhaus gen Himmel. Nach dem Bezug 1970 arbeiteten hier bis zu tausend Angestellte der Fluggesellschaft. 2007 zog sie aus, heute spricht man stattdessen vom Lanxess Tower.

Das Lufthansa-Hochhaus, der heutige Lanxess Tower, 1978

Das Areal des ehemaligen Wasserflugzeughafens vor St. Kunibert

Anstatt hinüber nach Deutz zu radeln, wenden wir uns auf dem Rheinuferweg nach links. Wenn nach ein paar Hundert Metern links St. Kunibert auftaucht, schauen wir nach rechts hinunter zum Rheinufer. Denn dort lag ab 1926 ein
10 Wasserflugzeughafen. Die Maschinen beschleunigten auf der 50 Quadratmeter kleinen „Kunibertsrampe" in Höhe der Kunibertsgasse und hoben noch vor der Bastei ab. Die zu Wasserflugzeugen umgerüsteten Junkers F 13 transportierten Postsäcke, aber auch Passagiere – etwa auf der Linie

Köln – Duisburg – Rotterdam. Doch schon 1928 wurde der Verkehr wieder eingestellt. Die Rampe schleppte man über den Rhein in den Niehler Hafen, wo sie wiederum von dort startenden Luftpost-Maschinen genutzt wurde.

Tipps:

Auf dem heutigen Luftschiff-Platz in Nippes wurde von 1908 bis 1910 das Luftschiff „Clouth" gebaut. Die Zeppelinstraße am Neumarkt trägt ihren Namen, weil in der 1910 abgerissenen Neumarkt-Kaserne der Empfang für Graf Zeppelin stattfand. Am Zeppelin-Plätzchen in Weiden (Ecke Eichendorff-/Schiller-/Bahnstraße) steht die 1909 zu Ehren des Grafen gepflanzte Zeppelin-Linde. Rechtsrheinisch ist neben dem Flughafen in Wahn vor allem das Areal des Merheimer Krankenhauses interessant. Hier befand sich der ehemalige Flugplatz Ostheim, den die Nationalsozialisten 1936 anlegen ließen. Zahlreiche Gebäude sind noch erhalten. So verfügt das heutige Klinikhaus 33 zum Beispiel noch über einen Flakturm: eine aufs Dach gesetzte Kabine zur Flugabwehr. Die Geschichte der Kölner Luftschifffahrt erzählt eine liebevoll gestaltete Website: www.koelner-luftfahrt.de.

Subbelrather Straße
Hüttenstraße
Bartholomäus-Schink-Straße
3
4
Lichtstraße
Ehrenfeldgürtel
Körnerstraße
2
Oskar-Jäger-Straße
5
Melatengürtel
Venloer Straße
1
Weinsbergstraße
N
0
200 m

Die Edelweißpiraten
... in Ehrenfeld

Tour 4
Melatengürtel → Keplerstraße
Länge: 4 km
1,5 Stunden zu Fuß
1 Stunde mit dem Fahrrad

Die Edelweißpiraten waren eine lose organisierte Jugendgruppe, die sich dem Nationalsozialismus widersetzte. Sie waren Verfolgung, Verhaftung und Folter ausgesetzt. Sechs minderjährige Edelweißpiraten wurden am Bahnhof Ehrenfeld gehenkt.

Unsere Tour beginnt am Melatengürtel. Vor dem Haus mit
→ 1 der Nummer 90 liegt der Stolperstein für Gustav Bermel.
Der 1927 in Ehrenfeld geborene Junge wurde im Rahmen des Reichsarbeitsdienstes für Schanzarbeiten am Westwall eingesetzt. Er floh zurück nach Hause und schloss sich der „Ehrenfelder Gruppe“ an, einem Zusammenschluss von Widerstandsgruppen, zu denen auch Edelweißpiraten gehörten. Am 4. Oktober 1944 verhaftete die Gestapo Bermel. Gut einen Monat später, am 10. November, wurde der 17-Jährige am Ehrenfelder Bahnhof gehenkt – ohne Gerichtsurteil.

Stolperstein für Gustav Bermel

Wir überqueren den Melatengürtel und folgen für etwa 400 Meter der Weinsbergstraße Richtung Westen. Rechts geht es in die Oskar-Jäger-Straße und nach weiteren 400 Metern wieder rechts in die Lichtstraße. Vor dem unscheinbaren Backsteinblock auf der rechten Seite (Nr. 47)
→ 2 finden wir den Stolperstein für Franz Rheinberger. Wie
Bermel wurde auch er 1927 in Ehrenfeld geboren und wurde als minderjähriger Junge 1944 am Bahnhof hingerichtet.

Rheinberger, genannt „Bubbes", gehörte zur Ehrenfelder Edelweißpiraten-Gruppe. Am 4. Oktober 1944 wurde er verhaftet und war bis zu seiner Ermordung im Gestapo-Gefängnis in der Abtei Brauweiler inhaftiert.

Außer Gustav Bermel und Franz Rheinberger wurden am 10. November 1944 vier weitere minderjährige und neun erwachsene Mitglieder der Ehrenfelder Gruppe hingerichtet. Zum Gedenken an die dreizehn Widerständler hängt seit 2003 eine Gedenktafel an der Bahnunter- → führung Ecke Venloer und Schönsteinstraße. Um dorthin zu gelangen, fahren wir die Lichtstraße durch bis zum Ende, wechseln rechts auf die Vogelsanger und direkt wieder links auf die Heliosstraße. Diese führt uns nach 300 Metern an die Venloer Straße, auf die wir nach links hin wechseln, um direkt hinter der Unterführung rechts ans Ziel zu kommen. Wie die Tafel, so erinnert auch das große Wandgemälde an die öffentliche Hinrichtung der dreizehn Mitglieder der „Ehrenfelder Gruppe". Die bunte Wand gedenkt jedoch nicht nur der Morde, sondern spiegelt auch die Freizeitaktivitäten der Edelweißpiraten wider. Unter anderem sieht man sie wandernd, singend und Gitarre spielend.

Detail des Wandgemäldes

Rechts von der Schönsteinstraße ging bis 1984 die
Hüttenstraße ab. In jenem Jahr wurde ihr westlicher Teil
nach dem Edelweißpiraten Bartholomäus „Barthel“ Schink
benannt, dem wir später noch einmal begegnen. Wir folgen
der Bartholomäus-Schink-Straße bis zum Ende, überqueren
den Gürtel und gelangen in die Hüttenstraße, die wir an der
Subbelrather Straße nach rechts hin verlassen. Die dritte
Straße rechts ist die Körnerstraße, wo sich als Nummer 101
→ 4 ein alter Hochbunker erhalten hat. Nebenan hatte ab 1927
eine Synagoge gestanden, die während der Pogrome
im November 1938 zerstört wurde. Während des Krieges
fanden in dem Bunker rund 1500 Menschen Schutz vor den
Bomben der Alliierten. Jenseits dessen nutzten auch die
Ehrenfelder Edelweißpiraten das Gebäude als Unterschlupf
und geheimen Treffpunkt. Nach dem Krieg wurden hier
zunächst Obdachlose untergebracht, seit den 1980er-Jahren
dient der Bunker als Kultur- und Erinnerungsstätte.

Der Hochbunker in der Körnerstraße

Direkt gegenüber liegt als Nummer 98 eine interessante Villa. Das Gebäude im Stil des Historismus stammt von 1877. Die Steinfiguren von Pluto (Gott der Schmiede) und Merkur (Gott der Kaufleute) an der Seitenfassade stehen für den Beruf des ersten Hausherrn, der Direktor einer Kunstgießerei war. Wir fahren (oder gehen) durch die Körnerstraße, bis wir wieder auf die Venloer Straße treffen. Dort wenden wir uns nach rechts, um nach 150 Metern links in die Kepler-

straße zu schwenken. Vor Nummer 33 liegt der Stolperstein für den 1927 geborenen Bartholomäus Schink. →
Der junge Dachdeckerlehrling kam im Juni 1944 durch Franz Rheinberger zu den Edelweißpiraten. Wie dieser und Gustav Bermel desertierte er von den Schanzarbeiten am Westwall. Mit der Ehrenfelder Gruppe beschaffte er illegal Waffen und Lebensmittel und organisierte Unterschlüpfe für Deserteure und Zwangsarbeiter. Wie zahlreiche seiner Gefährten wurde er am 4. Oktober 1944 verhaftet und nach Brauweiler verbracht. Auch er starb am 10. November 1944, zwei Wochen vor seinem 17. Geburtstag, am Galgen an der Hüttenstraße. Rund 400 Schaulustige verfolgten die Hinrichtung. 1984 würdigte ihn die Gedenkstätte Yad Vashem in Jerusalem als Gerechten unter den Völkern.

Stolperstein für Bartholomäus Schink

Edelweißpiraten bei einem Ausflug am Rhein, 1943

Die Ehrenfelder Tour endet hier. Ein sinnvoller Anschluss wäre der Besuch des EL-DE-Hauses in der innerstädtischen Elisenstraße. Im ehemaligen Gestapo-Hauptquartier waren auch viele Edelweißpiraten eingesperrt, heute ist es das NS-Dokumentationszentrum der Stadt (www.museenkoeln.de). An der Wand in Zelle 6 ist der folgende Spruch eines Inhaftierten erhalten: „Rio de Schanero, aheu kapalero, Edelweißpiraten sind treu."

Tipps:

Ein weiterer Treffpunkt der Ehrenfelder Edelweißpiraten war der nördlich gelegene Blücherpark mit seinem Kahnweiher und den berühmten steinernen Löwen. Bartholomäus Schink und Franz Rheinberger wurden in einer Gartenlaube am Blücherpark festgenommen. In Nippes liegt der Leipziger Platz mit seinem kleinen Park. Ab 1941 trafen sich hier Jugendliche, die den Drill der Hitler-Jugend ablehnten. Man unternahm damals verbotene Wochenendfahrten und verteilte oppositionelle Flugblätter. Ende 1941 kam es zu Verhaftungen, die 1943 zu langjährigen Haftstrafen wegen „Staatsgefährdung" führten.

4
Eifelstraße
Volksgartenstraße
Volksgarten
Vorgebirgstraße
0
250 m

Achterstraße
Rhein
1
Severinstraße
Trude-Herr-Park
2
Bonner Straße
Römerpark
Mainzer Straße
3
Bonner Wall
Friedenspark
N

Die Edelweißpiraten
... in der Südstadt

Tour 5
Josephstraße → Volksgarten
Länge: 3,5 km
1,5 Stunden zu Fuß
1 Stunde mit dem Fahrrad

Die Südstadt-Tour könnte beginnen, wie die Ehrenfeld-Tour endete: mit einem Besuch des NS-Dokumentationszentrums im EL-DE-Haus nahe dem Appellhofplatz. Die ehemalige Gestapo-Zentrale klärt auf über die Hintergründe des NS-Terrors in Köln. In den Zellen im Keller waren unter anderem die Edelweißpiraten Jean Jülich und Gertrud „Mucki" Koch inhaftiert.

In der Südstadt starten wir an der Josephstraße 15. Einst
wurde hier gefeiert, getanzt und getrunken. Nicht jeder
Gast wird gewusst haben, dass der Wirt der Musikkneipe
➔ 1 Blomekörvge einst Widerstand gegen die Nationalsozialisten geleistet hatte. Aber so war es. Jean Jülich (1929–2011)
war Mitglied der Edelweißpiraten, er überlebte die Haft
im Gestapo-Keller und betrieb nach dem Krieg aktiv
Aufklärungsarbeit. Dafür wurde er 1984 von der Gedenkstätte Yad Vashem als Gerechter unter den Völkern geehrt.
In seiner beliebten, Anfang der 1970er-Jahre eröffneten
Kneipe traten unter anderem die frühen Bläck Fööss auf.
„Mein Vater war ein Tausendsassa!", sagte „Schang"
Jülichs Tochter Cornelia einmal.

Jean Jülich (3. v. l.) mit den Bläck Fööss im Blomekörvge

Dem Widerständler und kölschen Urgestein wurde 2013 ein kleiner Weg gewidmet. Um ihn zu erreichen, folgen wir der Josephstraße gen Osten/Rhein, überqueren die Severinstraße und schwenken rechts in die Achterstraße.

Am idyllischen Platz An der Eiche biegen wir links auf die Dreikönigenstraße und nach 150 Metern rechts auf die Karl-Korn-Straße ab. Von ihr geht links zum Rheinufer hin der Jean-Jülich-Weg ab, während rechts der sogenannte Stollwerck-Riegel aufragt, der letzte erhaltene Gebäudeteil der alten Schokoladenfabrik. Jülich hat zuletzt in diesem Viertel gewohnt. Als Pächter der Severinstorburg ging er hier tagtäglich zu seinem Arbeitsplatz. Der Weg entstand mit dem architektonisch gelungenen Neubaugebiet auf dem Gelände der 1987 abgerissenen Fabrik. →

Der Jean-Jülich-Weg in der Südstadt

Edelweißpiraten 1943/44, Jean Jülich unten rechts

Zurück auf der Karl-Korn-Straße umrunden wir die Bottmühle, die einst innen an die mittelalterliche Stadtmauer angebaut war. Jenseits des Ubierrings beginnt die Mainzer Straße, die uns zum Eierplätzchen führt. Halblinks durch
3 die Titusstraße gelangen wir in den Friedenspark, der immer einen Spaziergang lohnt. Auch hier im Grünen, rund um das alte Preußenfort I, trafen sich die Edelweißpiraten, und seit einigen Jahren wird hier im Sommer das Edelweißpiratenfestival (www.edelweisspiratenfestival.de) gefeiert. Tausende Besucher, Informationsstände, Imbisswagen, Musik auf mehreren Freilichtbühnen, und jede Band spielt mindestens ein Lied der Widerständler – eine tolle Sache.

Der Friedenspark mit dem Fort I

Wir verlassen den Friedenspark gen Westen über die Kyllstraße oder den Alteburger Wall. Über die Bonner Straße hinweg kommen wir auf den Bonner Wall, der uns an seinem
4 Ende in den Volksgarten bringt. Im Nordwesten des Areals liegt das ebenfalls preußische Fort Paul und daneben ein schmucker Rosengarten. An seinen beiden Eingängen stehen seit 2021 zwei stählerne Erinnerungsstelen. „Während der gesamten NS-Zeit war der Volksgarten mit seinem Rosengarten der wohl wichtigste Treffpunkt für unange-

passte Jugendliche in Köln. Hier trafen sie sich unter der Woche, während die Wochenenden für Fahrten und Wanderungen ins Umland reserviert waren", heißt es auf der Info-Tafel.

Wie am Ehrenfelder Bahnhof, so stoßen wir auch hier auf ein Porträt von Gertrud „Mucki" Koch (1924–2016). Aus einem kommunistischen Elternhaus stammend, verweigerte sie den Eintritt in den Bund Deutscher Mädel (BDM). Wie viele ihrer Genossinnen und Genossen wurde sie inhaftiert und brutal verhört. Aber Mucki überlebte die NS-Zeit und wurde 92 Jahre alt. Bis zu ihrem Tod nahm sie alljährlich aktiv an den Edelweißpiratenfestivals im Friedenspark teil.

Die Reste des Fort Paul im Volksgarten

Info-Tafel im Volksgarten

Tipp:

Nicht allzu weit ist es vom Volksgarten zum Manderscheider Platz in Sülz. Jean Jülich wuchs in unmittelbarer Nähe auf, und auch auf diesem Platz trafen sich wechselnde Gruppen von Edelweißpiraten. 2021 beschloss die Bezirksvertretung, hier in absehbarer Zeit eine Gedenkstele aufzustellen.

„Mucki" Koch (links) bei einem Ausflug Anfang der 1940er-Jahre

Siegburger Straße
1
Rhein
A 4
Kölner Straße
0
1000 m

Rösrather Straße
5
4
Wikingerstraße
Forststraße
Frankfurter Straße
3
Steinstraße
Hirschgraben
Kaiserstraße
2
Hauptstraße
N

Siedlungen im Südosten
Genossenschaftler, Bahnbeamte und Zwangsarbeiter

Tour 6
Poll → Ostheim
Länge: 27 km
3 Stunden mit dem Fahrrad

Quer durch Köln existieren zahlreiche architektonisch und historisch interessante Wohnsiedlungen. Fünf davon werden auf dieser Route angesteuert.

→1 Start ist am Efeuplatz in Poll, dem Zentrum des idyllischen Milchmädchenviertels. Bis ins 20. Jahrhundert hinein belieferte das rechtsrheinische Dorf den großen Nachbarn Köln vor allem mit Milch und Fisch. Den hart arbeitenden Lieferanten der Ware, den Poller Milchmädchen, ist auf dem Efeuplatz ein hübsches Denkmal gesetzt. Das Mädel mit den groben Röcken trägt zwei schwere Milchkannen, den Sockel ziert ein Fisch. Die umliegende Siedlung mit ihren kleinen Spitzdachhäusern und von Bögen überwölbten Gassen entstand zu Beginn der 1920er-Jahre.

Efeuplatz

Das Poller Milchmädchen

Am Rheinufer in Westhoven

Vom Efeuplatz führt der Immergrünweg zur Siegburger Straße, der wir nach links folgen. Hinter der Bahnhaltestelle geht es rechts in die Raiffeisenstraße, von der wir nach 300 Metern links auf den Poller Kirchweg wechseln. Von ihm geht rechts die Müllergasse ab, die uns über Gleise hinweg zum Rheinufer führt, an dem wir nun links gen Porz etwa sieben Kilometer entlangradeln. Hinter der Rodenkirchener Brücke beginnt die Westhovener Aue. Einige Flächen dort dürfen wegen der jahrhundertelangen militärischen Nutzung nicht betreten werden. Nach dem Zweiten Weltkrieg waren hier belgische Soldaten stationiert. Sie verließen das Gelände 1995, die Kasernengebäude wurden 2010 abgerissen. Auf der Höhe von Porz-Ensen (Rheinkilometer 679,48) steht links in der Böschung ein sogenannter Myriameterstein. Dabei handelt es sich um einen Überrest der ersten Gesamtvermessung des Rheins von 1864. Einst fand man solch einen Stein alle 10.000 Meter an beiden Flussseiten zwischen Basel und Rotterdam. Der Myriameterstein bei Ensen ist eines von zwei erhalten gebliebenen Kölner Exemplaren. Am Schild „Porz 0,3 km“ verlassen wir das Rheinufer nach links oben hin und landen auf der autofreien Bahnhofstraße. An St. Josef vorbei erreichen wir nach rund 500 Metern die Glasstraße. Zusammen mit der Germaniastraße und dem Concordiaplatz bildet sie das Karree der Germaniasiedlung. Sie entstand ab 1899 im → 2
Auftrag des belgischen Konzerns „Société Anonyme des

Glaces Nationales Belges", der hier die Spiegelglaswerke Germania etablierte. Während sich in der Glasstraße einfache Arbeiterhäuser aneinanderreihen, wohnten in der Germaniastraße die Meister. Am Concordiaplatz wiederum stehen die Villen der ehemaligen Ingenieure und Direktoren. Vor allem die Infrastruktur mit Trinkwasserleitung, Kanalnetz und eigener Stromversorgung galt seinerzeit als vorbildlich. Glas wird bis heute in Porz produziert.

Die Germaniasiedlung in Porz

Die Eisenbahnersiedlung in Gremberghoven

Nach dem Rundgang fahren wir zurück zur Bahnhofsstraße. Am großen Kreisverkehr geht rechts die Kaiserstraße ab, die uns nach knapp einem Kilometer links auf die Humboldtstraße führt. Auf ihr durchqueren wir auf etwa drei Kilometern Porz-Eil, bis sie jenseits der Steinstraße Frankenstraße heißt. Wo von dieser rechts die kleine Heilig-Geist-Straße abgeht, steht eine große Steinplatte, die auf den Beginn der Gremberghovener Gartensiedlung, genannt Eisenbahnersiedlung, hinweist. Bis heute betört dieses versteckt hinter → 3 Gleisen und Schnellstraßen gelegene Areal durch seine architektonische Homogenität. Bunte Dachziegel sucht man hier vergeblich, alter Rauputz dominiert die Fassaden. Ursprünglich sollte die ab 1919 am Rangierbahnhof Gremberg errichtete Siedlung für Arbeiter und Beamte der Reichsbahn Ensen-Ost heißen. 1922 jedoch einigte man sich auf jenen Namen, den die ersten Anwohner ihrer neuen Heimat gegeben hatten: Gremberghoven.

Der Eingang zu Schloss Röttgen

Wir kehren zurück zur Steinstraße und folgen ihr nach links, wo sie zum Maarhäuser Weg wird. Über die Autobahn hinweg wird es nun ein wenig ungemütlich. Der Blick in die Ferne, auf den Königsforst, entschädigt für die Mühen. Der Maarhäuser Weg endet direkt vor dem Areal des Gestüts Röttgen, das wie das gleichnamige Schlösschen für die Öffentlichkeit nicht zugänglich ist. Stattdessen fahren wir auf der Eiler Straße links am Schlossbereich entlang und dann rechts in die Forststraße, die uns zum

Heumarer Mauspfad bringt. Nach links gelangen wir nun an die Kreuzung Rösrather Straße. Dort steht die legendäre Schmitzebud, heute ein Schnellimbiss. Seit 1920 treffen sich hier Rennradfahrer für ihre Touren durch das Bergische Land. Die Fassade bemalte der Bergisch Gladbacher Künstler Dirk „Rufus“ Werner mit bunten Fahrradmotiven. Jenseits der Rösrather Straße beginnt
→ 4 rechts die Göttersiedlung. Bis vor gut 100 Jahren wurden hier in Rath, direkt am Königsforst, noch Sand und Kies abgebaut. Ab 1922 entstanden dann unter Führung einer Siedlungsgenossenschaft die ersten Wohnbauten. Auf den insgesamt 50 Hektar wurden ausnahmslos Doppelhäuser errichtet, sämtliche Wege verlaufen mehr oder weniger rechteckig zueinander. Die Straßen benannte man nach Göttern der nordischen Mythologie, unter anderem nach Wodan, Freya und Donar. Wie in Gremberghoven sollten die großen Gärten auch hier ursprünglich der Selbstversorgung der Bewohner dienen.

Die Göttersiedlung in Rath

Wir folgen nun der Rösrather Straße stadteinwärts durch Rath und an Neubrück vorbei. Nach vier Kilometern unterqueren wir die A3 und biegen direkt danach links auf einen kleinen asphaltierten Weg ab. Hinter den Straßenbahngleisen folgen wir dem Rechtsknick, um danach sofort wieder links auf einen namenlosen Weg abzubiegen. An dessen Ende folgt rechts der Herkenrathweg. Mehrere kleine Straßen zweigen links von ihm ab, die Brettener Straße führt uns mitten in die Humboldtsiedlung. Was → 5 aussieht wie eine leicht heruntergekommene Kleingartenanlage, ist in Wirklichkeit eine ehemalige Siedlung für Zwangsarbeiter der Klöckner-Humboldt-Deutz-Werke. 15 jeweils 230 Quadratmeter große, sehr schlichte Baracken entstanden hier entlang der Frankfurter Straße. Ab 1944 wurden die einstöckigen Häuser mehrfach unterteilt, um ausgebombte Mitarbeiter der Fabrik aufzunehmen. Als 1974 die Stadt Köln das Gelände übernahm, drohte der Abriss. Aber die Bewohner wehrten sich. Heutzutage ist die Humboldtsiedlung zwar nicht wirklich hübsch, aber jedes Häuschen präsentiert sich als individuelles Unikat.

Die Humboldtsiedlung in Ostheim

Tipps:

Wer der Frankfurter Straße nach rechts bis zur Bahnhaltestelle Ostheim folgt, gelangt von dort mit der Linie 9 wieder zurück in die Innenstadt. Wer jedoch noch Kraft hat, kann sich weitere spannende Mietshaussiedlungen ansehen – als da wären: die Höhenberger Germaniasiedlung (rund um die Weimarer Straße), der Blaue Hof (Karree zwischen Waldecker, Kasseler, Dortmunder und Hertzstraße) und die Weiße Stadt (zwischen Heidelberger, Waldecker und Kopernikusstraße) in Buchforst oder die Mülheimer Stegerwaldsiedlung (zwischen Deutz-Mülheimer Straße und Pfälzischem Ring).

Karl Marx
Auf den Spuren des Philosophen

Tour 7

Neumarkt → Heumarkt

Länge: 2 km

45 Minuten zu Fuß

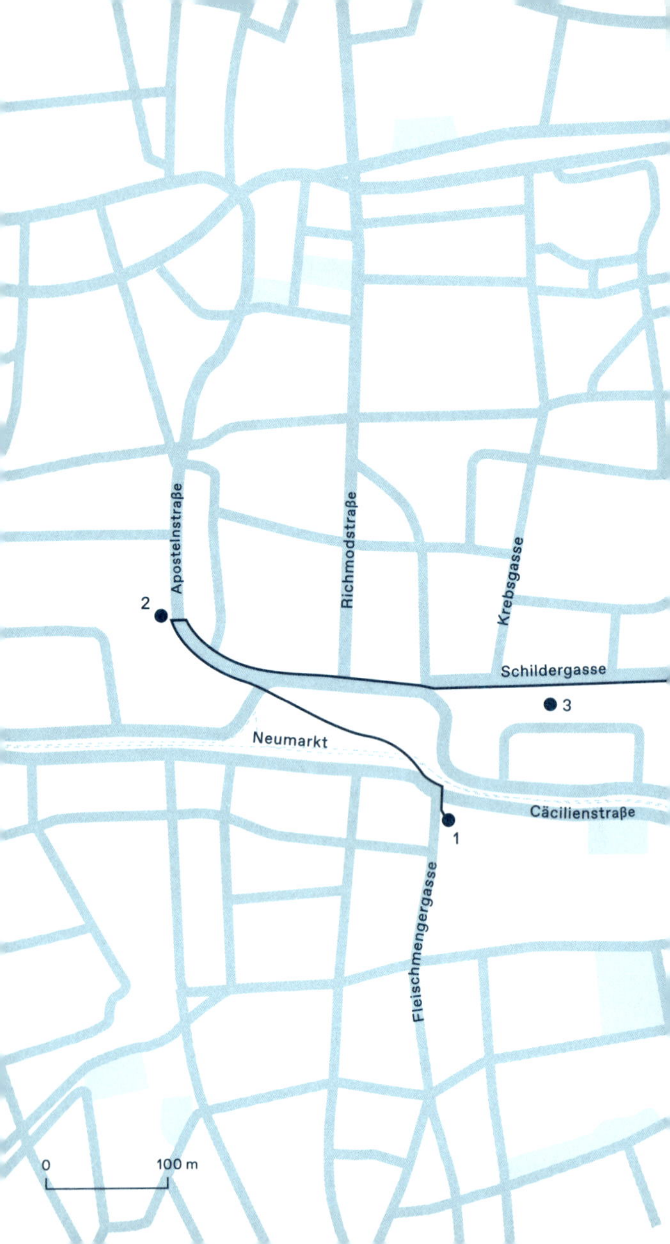

Apostelnstraße
Richmodstraße
Krebsgasse
2
Schildergasse
3
Neumarkt
Cäcilienstraße
1
Fleischmengergasse
0
100 m

Kölner Dom
Hohe Straße
Ludwigstraße
Obenmarspforten
9
8
7
6
5
10
11
Heumarkt
Deutzer Brücke
Augustinerstraße
An St. Agatha
4
N

Vor allem am Anfang ist dies keine wirklich schöne Tour. Zumal die Erinnerungskultur der Stadt Köln in Sachen Karl Marx zu wünschen übrig lässt. Aber es lohnt sich, jene Zeit noch einmal aufleben zu lassen, in der am Rhein Revolutionsgeschichte geschrieben wurde.

Am Neumarkt steht an der Ecke Fleischmengergasse der runde Turm eines Ärztehauses. Alte Pläne aus dem Historischen Archiv der Stadt Köln belegen, dass hier im frühen 19. Jahrhundert das Haus Cäcilienstraße 7 stand. Dort →1
wohnte Karl Marx (1818–1883) ab der zweiten Hälfte des Jahres 1848. Erstmals war er 1841 nach Köln gezogen, um im Folgejahr an der bürgerlich-liberalen *Rheinischen Zeitung* mitzuarbeiten. Ab Oktober 1842 fungierte er sogar als ihr Chefredakteur und steuerte sie stärker nach links. Die „Hure am Rhein“ – so nannte König Friedrich Wilhelm IV. das Blatt. Am 1. April 1843 wurde es verboten. Die Jahre 1843 bis 1848 verbrachte Marx dann in Paris und Brüssel, bevor die Märzrevolution von 1848 ihn wieder nach Köln trieb. Weil die Preußen die Pressezensur kurzzeitig aufhoben, konnte er die nun *Neue Rheinische Zeitung* genannte Publikation noch einmal radikalisieren.

Karl Marx als Herausgeber, Holzschnitt von Robert Diedrichs

Wir wechseln auf die andere Seite des Neumarkts, wo neben der Kirche St. Aposteln die Apostelnstraße abgeht.
→ 2 In das dortige Haus Nummer 7 war Marx im April 1848 gezogen, bevor er schließlich Quartier in der Cäcilienstraße nahm. Mit Bedacht hatte sich der 29-Jährige in den Wirren der Revolution nicht etwa für Berlin, sondern für Köln entschieden. Hier am Rhein, so dachten er und seine Mitstreiter, würden die Aufrufe zur Revolution auf den fruchtbarsten Boden fallen. Auch in der Apostelnstraße erinnert nichts an den kommunistischen Theoretiker. Stattdessen steht in unmittelbarer Nähe die Statue von Konrad Adenauer. Recht streng blickt der einstige Bundeskanzler in Richtung des früheren Marx-Hauses – Freunde wären die beiden wohl nicht geworden.

Konrad-Adenauer-Denkmal

Von der Nordostecke des Neumarkts geht die Schildergasse ab. Auch hier lässt sich nicht mehr erahnen, wie es
→ 3 Mitte des 19. Jahrhunderts aussah. Die Nummer 99 birgt heute ein Ladenlokal. Zu Zeiten von Marx stand an dieser Stelle ein zweistöckiges Haus, das sich laut einer zeitgenössischen Anzeige „sowohl zum kaufmännischen Gewerbe wie für den Privatmann oder Rentner“ eignete,

auch eine „Bierbrauerei“ komme infrage. Stattdessen wurde hier ab dem 1. Januar 1842 die *Rheinische Zeitung* produziert. Das Haus hat letztlich Weltgeschichte geschrieben, denn genau hier lernten sich Marx und sein fortan treuer Weggefährte Friedrich Engels kennen. Zunächst sollen sie sich nicht besonders gemocht haben, aber die Achtung voreinander wuchs zusehends. Insgesamt 15 Monate existierte das Blatt, das von liberalen Industriellen und Bankiers finanziert wurde. Letztlich handelte es sich um einen Versuch des Kölner Großbürgertums, der streng katholischen *Kölner Zeitung* ein eigenes Presseorgan entgegenzusetzen.

Hier wurde einst die Rheinische Zeitung produziert

Wir gehen weiter auf der Schildergasse und biegen am Kaufhof rechts in die Straße An St. Agatha ab. Auf der → 4 Höhe des heutigen Parkhauses lag 1848 die Druckerei von Wilhelm Clouth. Und im ersten Stock arbeiteten die Redakteure Karl Marx und Friedrich Engels an ihrer *Neuen Rheinischen Zeitung*. Allerdings nicht allzu lang, denn dem Vermieter Clouth waren die beiden radikalen Kerle nicht geheuer. Im Februar 1848 hatten sie in London das „Manifest der Kommunistischen Partei“ veröffentlicht. Von Anfang an betonte Clouth, er habe „nur den Druck der neuen rheinischen Zeitung übernommen und daher nirgend einen Einfluss auf den Inhalt derselben ausüben“ können. Schon bald kam es zu Auseinandersetzungen, die am 28. August 1848 eskalierten: Die Ausgabe für den nächsten Tag war bereits fertig vorbereitet, als Clouth die Pressen anhalten ließ – die *Neue Rheinische Zeitung* war obdachlos.

Hier stand einst die Druckerei Clouth

Die Druckerei in einem Ölgemälde aus dem Jahr 1849

Die Schildergasse geht über in die Gürzenichstraße, die
→ 5 uns links auf den Quatermarkt und zum Gürzenich führt.
Vor allem linke Gruppen behaupten gern, Marx habe ausgerechnet in Kölns „guter Stube“ anlässlich eines Arbeitertreffens am 6. Mai 1849 sein Kommunistisches

Manifest verlesen. Das wäre allerdings ein starkes Stück gewesen, aber sehr wahrscheinlich beruht es nicht auf Tatsachen. Glaubhafte Quellen besagen, dass Karl an jenem Tag gar nicht in Köln weilte.

Ein paar Meter weiter liegt an der Ecke zur Straße Obenmarspforten das Wallraf-Richartz-Museum. Auf dem →
Areal des Hauses soll einst nicht nur Meistermaler Stefan Lochner, sondern auch Marx-Freund Friedrich Engels gewohnt haben. „Wenn ihr die Treppenstufen zum Wallraf-Richartz Museum hinaufgeht, dann stellt euch vor, ihr geht gerade durch die frühere Wohnstube von Friedrich Engels", schreibt der Kölner Lokalhistoriker Ronald Füllbrandt.

Das Wallraf-Richartz-Museum

Wir wenden uns dem schräg gegenüberliegenden
Historischen Rathaus zu. Am 3. März 1848 versammelten → 7
sich hier mehrere Tausend Menschen, um dem Rat ihre „Forderungen des Volkes" zu verkünden. Unter anderem ging es um mehr Demokratie, das allgemeine Wahlrecht und die Pressefreiheit. Als preußische Truppen anrückten, geriet die Demonstration in Aufruhr. Ein Teil der Protestierenden flüchtete sich ins Rathaus, wo wiederum Panik unter den Ratsmitgliedern ausbrach. Zwei von ihnen

sprangen aus dem Fenster. Beide überlebten, einer von ihnen brach sich jedoch beide Beine. Die Wortführer der Demonstranten wurden kurzzeitig verhaftet, darunter der Armenarzt Andreas Gottschalk.

Die für den Rathausturm geschaffene Karl-Marx-Figur

Vom Vorplatz des Rathauses aus blicken wir auf die
8 Südseite des Rathausturms. Hier stoßen wir auf die erste sichtbare Spur von Karl Marx, steht er doch in Stein gemeißelt an der Fassade. Als Nummer 78 des Ensembles ist er im zweiten Obergeschoss jedoch nur mithilfe eines Fernglases zu erkennen. Die vom Bildhauer Helmut Moos (1931–2017) geschaffene Figur wurde von der Kölner SPD finanziert.

9 An der Ostseite des Rathauses liegt der Alter Markt. Hier kam es am 25. September 1848 zum Höhepunkt der revolutionären Unruhen: Gut 70 mehr oder weniger radikale Vereine hatten sich in Köln zu einem Kongress versammelt. Vor dem Haus des Arbeitervereins kam es zu Ausschreitungen, unter anderem wurde ein Polizeispitzel verprügelt. Das Militär reagierte, indem es Kanonen in Stellung brachte, was den Volkszorn umso mehr erhitzte. Geschäfte wurden geplündert, auf dem Platz und in den

umliegenden Straßen wurden Barrikaden errichtet. Aber der kleine Aufstand verpuffte rasch. Das Militär griff nicht ein, die Protestierenden gingen nach einem langen Tag erschöpft nach Hause oder in die Kneipe. Ohne dass es zu echten Kampfhandlungen gekommen war, bauten Soldaten und städtische Arbeiter die Barrikaden am nächsten Tag wieder ab.

Der Alter Markt

Die Marx-Plakette

Nur ein Katzensprung ist es vom Alter Markt zum Heumarkt 65. Dort erinnert eine Plakette daran, wie es für die *Neue Rheinische Zeitung* nach dem Rausschmiss durch den Drucker Clouth weiterging. In einem Haus, das einst an dieser Stelle stand, fand das Blatt nämlich im Sommer 1848 seine neue Heimat. Während im 1. Stock →

redigiert wurde, standen im Parterre die Druckmaschinen. Chefredakteur Marx und sein Stellvertreter Engels wurden jedoch einmal mehr Opfer der preußischen Repression. Schon im Mai 1849 wurde die Zeitung verboten. Marx musste Köln binnen 24 Stunden verlassen und floh unter falschem Namen nach Paris, um bald darauf nach London zu ziehen. Deutschland und seine alte Wirkungsstätte Köln sahen ihn nie wieder.

Preußenkönig Friedrich Wilhelm III. auf dem Heumarkt

Werfen wir schließlich noch einen Blick auf das Reiterstand-
→ 11 bild auf dem Heumarkt. Preußenkönig Friedrich Wilhelm III.
(1770–1840) wendet dem ehemaligen Redaktionssitz von
Marx den Rücken zu. Sein Sohn Friedrich Wilhelm IV. war
der Regent, der den Marx'schen Zeitungen jeweils den
Garaus machte. Er regierte von 1840 bis zu seinem Tod 1861.

Tipp:

Am nahen Fischmarkt hängt eine Plakette, die an den 1848er-Revolutionär Robert Blum (1807–1848) erinnert.

Filzengraben
Rhein
1
2
Blaubach
Tel-Aviv-Straße
Severinsbrücke
Landsbergstraße
3
Ulrichgasse
Severinstraße
Trude-Herr-Park
Bayenstraße
Kartäuserwall
4
5
6
Ubierring
Römerpark
8
Rolandstraße
7
Mainzer Straße
Friedenspark
N
0
250 m

Tatort Südstadt
Schwulenhatz, Hausbesetzer und ein Rohrbombenanschlag

Tour 8

Waidmarkt → Römerpark

Länge: 4 km

1,5 Stunden zu Fuß

1 Stunde mit dem Fahrrad

Einst gehörte zur Südstadt ein Hafenviertel, hier lagen Fabriken und zahllose Kneipen. Es ging hoch her – auch in krimineller Hinsicht. Auf diesem Streifzug gelangen wir zu verschiedenen schrägen, auch traurigen Tatorten.

Der Waidmarkt offeriert zwei historische Sehenswürdigkeiten: den 1894 aufgestellten Hermann-Josef-Brunnen und die romanische Kirche St. Georg mit ihrem hübschen, inselartigen Innenhof.

Der Hermann-Josef-Brunnen am Waidmarkt

Kriminell ging es auf der anderen Seite des Platzes zu. Denn an der Ecke Waidmarkt und Blaubach stand jenes Hochhaus, in dem bis zum Jahr 2006 das Kölner Polizeipräsidium residierte. Vor dem Haupteingang lag eine unterirdische öffentliche Toilette, die auch als „Klappe" genutzt wurde, → als Schwulentreffpunkt. Am 8. Juni 1966 kam es hier zu einer Razzia, bei der neun Männer festgenommen wurden. Einer von ihnen: der amtierende Regierungspräsident Franz Grobben. Damals existierte noch der berüchtigte Paragraf 175 des Strafgesetzbuchs – sexuelle Handlungen zwischen Männern waren ein Fall für den Staatsanwalt. Als die Sache publik wurde, war Grobbens Karriere beendet, er musste von seinem Amt zurücktreten. Aber auch sein bisheriges Leben war zerstört. Grobben zog sich in seine Heimat am Niederrhein zurück und starb dort 1994. Er wurde erst nach seinem Tod rehabilitiert.

Direkt an den Waidmarkt grenzt die Einsturzstelle
2 des Kölner Stadtarchivs. Am 3. März 2009 gegen 14 Uhr fiel das Gebäude in sich zusammen. In zwei Nachbarhäusern, die ebenfalls einstürzten, starben zwei junge Männer unter den Trümmern, die Schuldfrage ist bis heute ungeklärt. Zweifellos stand die Katastrophe in Zusammenhang mit dem Bau der Nord-Süd-U-Bahn, die den Ort dereinst unterfahren wird. Abertausende von Archivalien stürzten in die Baugrube, jahrhundertealte Zeugnisse der Kölner Stadtgeschichte gingen für immer verloren. 2021 wurde das neue Historische Archiv am Eifelwall eröffnet.

Die Einsturzstelle des Stadtarchivs

Wir folgen der Severinstraße gen Süden und grüßen den am Friedrich-Wilhelm-Gymnasium 1957 aufgehängten Ikarus. Die 3 mal 3,50 Meter große Figur stammt von Kurt-Wolf von Borries und wiegt etwa eine Tonne. Bald ragt linker Hand der Turm von St. Johann Baptist auf. Schon im September 2004 war auch er Opfer des U-Bahn-Baus geworden. Aufgrund von Tunnelbohrungen hatte er sich um einen Meter zur Seite geneigt. Hundert Meter weiter biegen wir links ab in die Landsbergstraße und folgen ihr bis zum Rhein. An der Ampel überqueren wir die Rheinuferstraße und stehen vor dem Rhenania. Der 1926 erbaute ehemalige Getreidespeicher beherbergt heute rund 50 Künstlerateliers. Im dahinterliegenden Yachthafen wohnte bis zu seinem Tod Heinrich Schäfer, genannt „Schäfers Nas“. Nach insgesamt acht Jahren Gefängnis hatte die Unterweltgröße ein Torpedo-Abfangboot aus dem Zweiten Weltkrieg zu einer Luxusyacht umgebaut und im Rheinauhafen an der Kaimauer vertäut. Die 22 Meter lange, 328 PS starke „MS Colorado“ verfügte über einen künstlichen Kamin, Eichenholzschnitzereien und vergoldete Wasserhähne. Aufsehen erregte ihr Besitzer noch einmal, als im Februar 1995 ein Vortragekreuz aus der Domschatzkammer gestohlen wurde. „D'r Dom bekläut m'r nit“ soll Schäfer gesagt haben. Dank seiner alten Kontakte trieb er das Kreuz innerhalb von drei Tagen auf und gab es dem Domprobst zurück. Einen Finderlohn lehnte er ab, aber der Geistliche dürfe für ihn beten, das tue seiner schwarzen Seele gut. →

Vom True Crime zur Fiction: Auch der allererste Kölner Tatort („Willkommen in Köln“) mit Freddy Schenk und Max Ballauf (Dietmar Bär und Klaus J. Behrendt) spielte zu großen Teilen im Rheinauhafen. Ausgestrahlt wurde er am 5. Oktober 1997 – sechs Wochen vor Heinrich Schäfers Tod am 15. November.

Der Rheinauhafen

Wir gehen Richtung Süden am Rheinauhafen und den dahinterliegenden Kranhäusern entlang bis zum Harry-Blum-Platz.

Das prächtige Backsteingebäude dort wurde 1889 erbaut
und diente einst als Hafenamt. Hier überqueren wir wieder
die Rheinuferstraße und gelangen in die Dreikönigenstraße. Am Trude-Herr-Park vorbei erreichen wir die
Annostraße, in die wir links einbiegen. Etwa hundert
Meter weiter liegt links der Ingo-Kümmel-Platz, benannt
nach dem Kunstimpressario der Südstadtszene in den
4 1980er-Jahren. Hier stehen die Überreste des Räderraums
der ehemaligen Schokoladenfabrik Stollwerck. Dieser
sogenannte „Stollwerck-Kompressor" erinnert an eine
wilde Zeit in der Südstadt. Am 20. Mai 1980 begann
hier eine Fabrikbesetzung, die 49 Tage anhalten sollte.
Bis zu 600 Besetzer verschafften der Aktion bundesweite
Beachtung. Das Stollwerck retten konnten sie jedoch
nicht. Sieben weitere Jahre existierten immerhin der
sogenannte Annosaal und die Maschinenhalle als Kultur-
zentrum. Danach wurden alle Reste der Fabrik abgerissen –
außer dem Anno-Riegel hinter dem Räderwerk, der zu
Wohnungen umgebaut wurde. Die Bewohner dort verfügen
über Zimmer mit 4,40 Meter hohen Decken.

Der „Stollwerck-Kompressor"

Weitaus krimineller – und blutiger – ist die Geschichte unseres nächsten Ortes. Vom Ingo-Kümmel-Platz aus folgen wir der Annostraße noch ein paar Meter und biegen dann rechts in die Severinsmühlengasse ab. In der nächsten Straße links, Im Ferkulum, ist die Nummer 30 unser

Ziel. Hier lag früher die Kneipe Ferkulum-Stube. Während diese vor allem von türkischen Gastarbeitern besucht wurde, verkehrten schräg gegenüber im Chez Bijou (Nr. 23) eher Deutsche. Beide Läden galten als halbseiden, zu den Gästen gehörten Freier und Prostituierte. Am 10. März 1980 warf ein Unbekannter gegen 22 Uhr eine selbst gebastelte Rohrbombe durch die Scheibe der Ferkulum-Stube. Dem 21-jährigen Ismail Kaya wurde dabei der rechte Fuß abgerissen, auch eine deutsche Frau wurde schwer verletzt. Der Verdacht fiel auf Peter H., den Besitzer des Chez Bijou, doch konnte ihm die Tat nie nachgewiesen werden. Erschwert wurde die Arbeit der Polizei dadurch, dass weder der Wirt der Ferkulum-Stube noch die Opfer Anzeige erstatteten. Der Fall wurde offenbar intern im Milieu gelöst und blieb für die Behörden ein Cold Case.

Die Straße Im Ferkulum

Ein paar Meter weiter erreichen wir das Severinstor. Direkt am Anfang der Severinstraße wirbt ein Bäcker auf seinem Ladenschild mit dem Namen Schmitz Backes. Und ziemlich genau auf diesen Ort bezieht sich auch die kölsche Redewendung „M'r sin noch lang nit Schmitz Backes". Der Hintergrund: Wer als Krimineller, Landstreicher oder sonstige missliebige Person Köln zu verlassen hatte, wurde dereinst nicht selten zu einem üblen Spießrutenlauf verurteilt – über die Severinstraße und zum dortigen Tor hinaus. Jeder Bürger hatte das Recht, den Verurteilten währenddessen zu steupen, also zu schlagen. Gerettet war, wer die letzte Bäckerei passierte – den Schmitz Backes – und das Severinstor erreichte. Es bildete den südlichen Ausgang aus der mittelalterlichen Stadt. Historisch gesichert ist die bittere Geschichte allerdings nicht!

Bäcker in der Severinstraße

Die Bottmühle

Neben dem Tor liegt das wunderschöne Brauhaus Früh im Veedel. Dort biegen wir in den Severinswall und erreichen die auf das 16. Jahrhundert zurückgehende Bottmühle. Nach rechts hin (An der Bottmühle) überqueren wir die Ringe und landen auf der Mainzer Straße, der wir bis zum Eierplätzchen folgen. Dort zweigt schräg links die Titusstraße ab, und wir entdecken gegenüber der Nummer 26, zwischen Römerpark und dem preußischen Fort I, den Stolperstein für Hans Abraham Ochs. Der achtjährige Junge → (geb. 1928) spielte im September 1936 mit seiner Mutter und seinem kleinen Bruder im Römerpark. Als der kleine Hans, dessen Vater Jude war, ein paar ihm bekannte Hitler-Jungen grüßte, schlugen diese auf ihn ein. Vor den Augen von Mutter und Bruder traten sie noch nach, als er längst am Boden lag. Am 30. September 1936 erlag er seinen Verletzungen. Bezeichnend für die Atmosphäre der Nazizeit: Aus Furcht vor weiteren Repressalien erstattete die Witwe Luise Ochs keine Strafanzeige. Und im offiziellen Totenschein hieß es, Hans Abraham Ochs sei an einer „Bauchfellentzündung" gestorben. 2002 wurde der von hier zum Agrippinaufer führende Pfad auf den Namen Hans-Abraham-Ochs-Weg getauft.

Stolperstein für Hans Abraham Ochs

Auf der anderen Seite des Römerparks, entlang der Claudiusstraße, erstreckt sich ein historisches Gebäude: die Alte Universität, heute ein Campus der Technischen

Hochschule Köln. Am 17. Mai 1933 versammelten sich hier
deutschnationale Studenten und Professoren, um die
Bücher verfemter Autoren zu verbrennen. Der Journalist
Walter Vitt initiierte 2001 ein Denkmal zur Erinnerung
an diesen Schandtag. Peu à peu wurden jeweils individuell
gestaltete Bodenplatten vor dem Haupteingang eingelas-
→ 8 sen. Das Denkmal „Namen der Autoren" erinnert an jene
Schriftstellerinnen und Schriftsteller, deren Werke damals
verbrannt wurden. Wer genauer hinschaut, entdeckt die
Namen bekannter Autoren wie Robert Musil und Nelly
Sachs, Mascha Kaléko und Richard Huelsenbeck. Auch ein
Kölner ist dabei: Der Journalist und Autor Wilhelm Unger
(1904–1985) floh vor den Nationalsozialisten nach London
und arbeitete nach seiner Rückkehr 1947 unter anderem
für den *Kölner Stadt-Anzeiger* und den WDR.

Das Denkmal „Namen der Autoren"

Alte Römerstraße
Neusser Landstraße
Rhein
Etzelstraße
Rochusstraße
Escher Straße
Venloer Straße
Militärringstraße
Aachener Straße
Stadtwaldgürtel
Dürener Straße
Bonner Straße
1
2
3
4
0
2000 m
N

Wallfahrtsorte
... im Norden und Westen

Tour 9

Deutzer Freiheit → Müngersdorf

Länge: 37 km

3,5 Stunden mit dem Fahrrad

Diese Tour ist die längste und härteste im ganzen Buch! Letztendlich besuchen wir „nur“ vier Wallfahrtsorte. Doch die Wegführung entschädigt durch ihre große Vielfalt. Idyllische Streckenabschnitte durch die Natur wechseln sich ab mit beinharten Industriepassagen. Außerdem verlassen wir sogar kurz das Kölner Stadtgebiet – nur um hoch über dem Wasser wieder heimzukehren.

Im zweiten Band der Reihe „Thematische Touren durch Köln“ haben wir bereits Wallfahrtsorte im Kölner Osten und Süden besucht. Unsere zweite Wallfahrt, die in den Norden und Westen führt, beginnt ebenfalls mit St. Heribert in Deutz (geöffnet Mo–So 9–17 Uhr). Die dreischiffige Basilika wird wegen ihrer Ausmaße auch „Düxer Dom“ genannt. Ihr größter Schatz ist der Heribertschrein. Heribert (970–1021) war von 999 bis zu seinem Tod Erzbischof von Köln und einer der einflussreichsten Männer des Reiches. Schon bald nach seinem Tod wurde er von den Kölnern als Heiliger verehrt. Aus lokalen entwickelten sich schnell überregionale Wallfahrten. Heute ist St. Heribert eine Station der traditionellen Kölner Männerwallfahrt nach Kalk.

St. Heribert in Deutz

Über die Deutzer Freiheit erreichen wir den nahen Rhein und fahren rechts am Ufer entlang. Hinter dem Tanzbrunnen beginnt der Rheinpark. Angelegt wurde das schöne Gartengelände für die Bundesgartenschau 1957. Wer mag, macht ein paar Schlenker durch den Park, bevor er unter der Zoobrücke wieder ans Ufer zurückkehrt. Ohne es wirklich zu merken, radeln wir nun in eine Sackgasse, die sogenannte Mülheimer Insel. An ihrem Ende rettet uns jedoch rechts der Katzenbuckel, eine filigrane Fußgängerbrücke aus dem Jahr 1955, deren Name sich aus der geschwungenen Form ergibt. Sie führt über den Ende des 19. Jahrhunderts erbauten Mülheimer Hafen. Oben angekommen, genießt man einen weiten Panoramablick über Köln. Weiter geht es am Strom entlang gen Norden. Hinter der Mülheimer Brücke steht St. Clemens direkt am Ufer. Die romanische Schifferkirche geht auf das 12. Jahrhundert zurück und ist alljährlich eingebunden in die Mülheimer Gottestracht – die traditionelle Schiffsprozession zu Fronleichnam.

Der Mülheimer Hafen

Einen Kilometer später, auf der Höhe eines kleinen Fitnessparks am Stammheimer Ufer, scheint eine Art Aussichtsterrasse in den Fluss zu ragen. In Wirklichkeit handelt es sich hier allerdings um die Reste der alten „Schlackenbergwerft“, einen Hafen von Felten & Guilleaume. Zwischen 1863 und 1874 wurde hier die Mülheimer Hütte betrieben, deren Industrieabfall dann den „Schlackenberg“ bildete. Als es nichts mehr zu verhütten gab, übernahmen die Kabelfertiger von Felten & Guilleaume das Ruder. Die Gleise der Werftbahn, die ab 1924 zum Schiffsanleger führten, sind noch heute im Pflaster zu entdecken.

Rest der Schlackenbergwerft

Wiederum rund tausend Meter weiter ragt rechts der Stammheimer Wasserturm auf. Nach seiner Errichtung war er ursprünglich 40 Meter hoch – zwölf Meter höher als heute. Von hier aus versorgte die „Rheinische Wasserwerks-Gesellschaft“ die Umgebung einst mit Trinkwasser. Heute ist der Turm denkmalgeschützt und Teil eines schicken Wohnprojekts.

Skulpturen im Stammheimer Schlosspark

Bald darauf erreichen wir den Stammheimer Schlosspark – hier geht es ein paar Treppenstufen hinauf auf hochwasser-sicheres Terrain. Das ist auch nötig, denn der Park ist seit 2002 Schauplatz wechselnder Kunstausstellungen. Gerahmt werden die Skulpturen von mächtigen Baumriesen, die bis zu 200 Jahre auf dem Buckel haben. Der Park eignet

sich für eine erste Pause, Kunstgenuss inklusive. Schließlich durchqueren wir ihn in voller Länge und gelangen durch das Löwentor auf die Egonstraße. Direkt rechts an die Parkmauern schmiegt sich ein altes Kirchlein:
→ 2 St. Mariä Geburt (geöffnet Mo–So 9–18 Uhr) ist unser nächster Wallfahrtsort.

St. Mariä Geburt

Das Gnadenbild aus dem 16. Jahrhundert

Beim Blick von der Straße aus wird deutlich: Der rechte Teil muss viel älter als der linke sein. Und tatsächlich stand die Marienkapelle bereits im 14. Jahrhundert, während der neugotische Anbau 1905 fertiggestellt wurde. Nach der Zerstörung im Zweiten Weltkrieg nutzte man die am Rheinufer versunkenen Bohlen einer Behelfsbrücke, um in Windeseile ein neues Kirchendach zu errichten. Rechts neben dem Chor stehen wir dann vor dem Gnadenbild der Freudenreichen Mutter. Es wurde im 16. Jahrhundert angefertigt, und schon seit dem 17. Jahrhundert sind Prozessionen nach Stammheim nachgewiesen. Bis heute besuchen Wallfahrer das Gnadenbild zu Christi Himmelfahrt.

Es geht weiter auf der Egonstraße, jetzt gen Norden. Wir entfernen uns ein wenig vom Rhein, zu unserer Linken erstreckt sich nun das Gelände des Stammheimer Klärwerks. Zwar riecht man es ein wenig, aber wenn man bedenkt, dass hier 84 Prozent des Kölner Abwassers landen, bleibt die Nase doch erstaunlich unbelästigt. Übrigens wird das bei der Schlammfaulung anfallende Gas in einem eigenen Kraftwerk in Strom umgewandelt – der dann über 70 Prozent des Eigenbedarfs deckt.

Der Optische Telegraf in Flittard

Nach ein paar Minuten sehen wir rechts einen weißen, eckigen Turm mit seltsamen Aufbauten (Egonstraße 152). Es handelt sich um den letzten erhaltenen Optischen Telegrafen auf Kölner Stadtgebiet. Das historische Fernmeldesystem funktionierte folgendermaßen: Zur Übermittlung von Texten wurden an einen Mast sechs bewegliche Flügelbretter montiert, die insgesamt 4 096 verschiedene

Positionen einnehmen konnten. Unser Flittarder Telegraph war die 50. Station auf der Strecke Berlin – Koblenz. Eine Nachricht von 30 Wörtern brauchte von Berlin bis Köln etwa anderthalb Stunden. Arbeiten konnte das System allerdings nur im Hellen und bei gutem Wetter. 1849 eingestellt, wurde die optische durch die elektrische Telegrafie abgelöst.

Auch in Flittard kehren wir nicht zum Rhein zurück, liegt uns mit dem Bayer-Werk doch nun der nächste Brocken im Weg. Die Egonstraße wird im dörflichen Kern zur Edelhofstraße, die wir nach rechts auf die Everger-straße/Roggendorfstraße verlassen. Halblinks geht bald die schmale Arthur-Hantzsch-Straße ab, die wir nach links hin auf die große Düsseldorfer Straße verlassen. Wir scheinen nun auf einen Wald von Industrieanlagen zuzusteuern, aber auch hier liegt entlang des Weges ein verstecktes Kleinod. Links der Düsseldorfer Straße, zwischen Otto-Bayer-Straße und Kaiser-Wilhelm-Allee, wurde nämlich 1912 der Carl-Duisberg-Park mit seinem Japanischen Garten angelegt (geöffnet 9–20 Uhr). Die künstlichen Bachläufe, Wasserfälle und Teiche mit ihren Mandarinenten, Schildkröten und Koifischen bilden einen spannenden Kontrast zum umliegenden Chempark.

Es geht weiter auf der Düsseldorfer Straße. Hinter dem Bayer-Werk führt uns die Titanstraße halblinks wieder in die Natur. Von ihr aus geht es links auf die Pesch-straße, die zur Schießberg- und zur Hauptstraße wird. Mit einem Rechtsschwenk sind wir wieder am Rhein, der hier von einem Hochufer gesäumt wird. Verschiedene Lokale laden zu einer weiteren Rast. Weite Wiesen und ein kleiner Yachthafen pointieren das Terrain unterhalb der Leverkusener Brücke. Während wir diese überqueren, landen wir unmerklich wieder in Köln. Die Grenze zwischen den beiden Städten verläuft hier nämlich mitten durch den Fluss. Deshalb gilt die Leverkusener trotz ihres Namens auch als nördlichste Kölner Brücke. Seit Jahren besteht hier eine Großbaustelle: Die 1965 eingeweihte Brücke wird peu à peu durch eine neue Konstruktion ersetzt.

Blick von der Leverkusener Brücke

Der Fahrradweg spült uns nach links hin ins Örtchen Merkenich auf die Kolmarer Straße. An ihrem Ende führt der Bellerkreuzweg links bis zur Merkenicher Hauptstraße, der wir nach rechts folgen – auch nachdem sie mit einem Rechtsknick zum Ivenshofweg wurde. Wieder tauchen wir in ein Industriegebiet ein, indem wir nach links auf die Emdener Straße abbiegen. War es auf der gegenüberliegenden Rheinseite der Chempark, so umzingeln uns hier die Werksanlagen der Ford AG. Ist man an einem Wochenendtag unterwegs, wirkt die Stille und Menschenleere hier beinahe ein wenig unheimlich. Zum Glück zweigt bald rechts die Geestemünder Straße ab. Zwischen dem Lager der Emmaus-Brüder auf der einen und der Kölner Müllverbrennungsanlage auf der anderen Seite erreichen wir die Neusser Landstraße, die uns links zum Militärring führt. Diesem folgen wir nun nach rechts für etwa sieben Kilometer bis zur Kreuzung mit der Venloer Straße in Bocklemünd. Unterwegs sehen wir kurz hinter dem linksseitigen Abzweig der Mathias-Brüggen-Straße rechter Hand einige Gebäude des Nüssenberger Hofes. Die Vierkant-Hofanlage geht auf das 9. Jahrhundert zurück, schon zu Römerzeiten lag an dieser Stelle ein Gutshof. Funde belegen, dass hier unter anderem Ziegel hergestellt wurden.

An der Ecke Militärring und Venloer Straße liegt innerstädtisch der 1917 eröffnete Westfriedhof. Neben dem Jüdischen Friedhof sowie eigenen Bereichen für Roma

und Muslime befindet sich hier auch das Kölner Krematorium. Wir folgen der Venloer Straße allerdings nach rechts, stadtauswärts, um nach ein paar Hundert Metern vor unserem dritten Wallfahrtsziel zu stehen: St. Johannes
3 vor dem Lateinischen Tore (Vorraum unregelmäßig geöffnet, Kirchenraum nur zu den Gottesdienstzeiten sonntags ab 9 sowie mittwochs ab 18.30 Uhr). Die Pfarrkirche von Bocklemünd entstand Mitte des 19. Jahrhunderts in neugotischer Form. 1956 gelangte eine Reliquie der hl. Brigida hierher und löste eine Serie von Wallfahrten aus.

St. Johannes vor dem Lateinischen Tore

Vor allem Bauern suchten die Kirche jeweils am 1. Februar auf, denn Brigida ist die Patronin der Landwirte. Die Irin lebte im 5. Jahrhundert und soll zahlreiche Wunder vollbracht haben, darunter die Vermehrung von Speisen, die Entstehung einer Quelle und die Wandlung von Wasser in Milch oder Bier. Heutzutage ist die Reliquie verschwunden, über ihren Verbleib ist nichts bekannt. Auch Brigidas Zauberspruch für die Wasser-Bier-Metamorphose ging leider verloren ... Der seltsame Name des Gotteshauses hat übrigens nichts mit einem römischen Stadttor des antiken Köln zu tun. Er geht auf das angebliche Martyrium des heiligen Johannes an der Porta Latina von Rom zurück. Im Jahr 92 soll der Evangelist dort in einen Bottich mit kochendem Öl getaucht worden sein. Der Legende nach überlebte er dies.

Chor von St. Johannes vor dem Lateinischen Tore in Bocklemünd

Blick von Belvedere nach Köln

Wir fahren auf der Venloer Straße ein kurzes Stück zurück, biegen rechts ab in den Freimersdorfer Weg und direkt wieder links in den Vogelsanger Weg, der nach etwa 1,5 Kilometern Belvederestraße heißt. Auf ihr erreichen wir Müngersdorf und zahlreiche historische Gebäude, die diese Straße säumen. Es beginnt mit dem 1839 erbauten Bahnhof Belvedere, dem ältesten noch erhaltenen Bahnhofsgebäude in Deutschland. Von hier aus hat man einen schönen Blick (ital. *bel vedere*) über die Gleise nach Köln hinunter. Bemerkenswert ist auch der Petershof (Nr. 19), eine Hofanlage mit mittelalterlichen Wurzeln.

Der Chor von St. Vitalis

Die Belvederestraße endet an der Wendelinstraße, die uns
→ 4 rechts zu unserem letzten Ziel für heute führt: St. Vitalis
(geöffnet Di–So 10–17 Uhr). Vitalis (gestorben um 60 n. Chr.)
war ein früher christlicher Märtyrer. Aber die bis heute
stattfindenden Müngersdorfer Wallfahrten gelten nicht
ihm, sondern dem hl. Wendelin. Er soll im 6. Jahrhundert im
Raum Trier missioniert haben. Die Bauernregel für seinen
Gedenktag (20. Oktober) lautet: „Sankt Wendelin, verlass
uns nie, schirm unsern Stall, schütz unser Vieh." Wie Brigida
gilt also auch er als Beschützer der Bauern sowie der Hirten.
Im Jahre 1450 wird erstmals eine Wendelinus-Kapelle an
der heutigen Aachener Straße erwähnt, die ein beliebter
Wallfahrtsort war. Nach ihrem Abriss 1834 verlegte man die
Wendelin-Verehrung nach St. Vitalis. Als gegen Ende des
19. Jahrhunderts die Zahl der Wallfahrer überhandnahm,

machte man sich an einen größeren Neubau. Dessen neoromanische Gestalt erinnert nicht zufällig an St. Aposteln am Neumarkt. Das Stift St. Aposteln hatte einst große Besitztümer in Müngersdorf. Direkt vor dem Treppenaufgang zum Hauptportal steht der Wendelinus-Brunnen, aus dem Trinkwasser fließt. Er soll den Gnadenstrom Gottes versinnbildlichen, der sich vom Taufbecken ausgehend über die Gemeinde ergießt. Den schönsten Blick auf die stattliche Kirche genießt man „hintenrum" vom Alten Militärring aus.

Der Wendelinus-Brunnen

Tipp:

Auch innerstädtisch findet man diverse Wallfahrtsorte, etwa die Schwarze Madonna von St. Maria in der Kupfergasse. Wer sich einen Überblick verschaffen möchte, googelt „Köln" plus „Wallfahrtsorte" und gelangt so auf die entsprechende Website des Erzbistums.

Hansaring
9
8
7
Eigelstein
Turiner Straße
6
Tunisstraße
5
Burgmauer
Breite Straße
4
3
Neumarkt
Cäcilienstraße
2
Bobstraße
1
0
250 m
N

Traditionskneipen
Schöne Schwemmen, frisches Kölsch

Tour 10
Mauritiussteinweg → Weidengasse
Länge: 3,5 km
1 Stunde zu Fuß (ohne Trinken!)

Brauhaustouren werden von vielen Reiseveranstaltern angeboten. Unser Törn jedoch führt in kleine, feine, traditionell kölsche Lokale abseits der Touristenströme.

→ 1 Das erste Bier trinken wir im <u>Leuchtturm</u> (Mauritiussteinweg 70, Mo–Sa ab 17 Uhr). Die 1955 eröffnete kölsche Seemannskneipe besticht durch ihr maritimes Interieur – inklusive konservierter Schildkröte, Hecht und Hai. Mit einer echten Überraschung wartet der kleine Biergarten hinten durch auf. Er grenzt nämlich an ein Stück der Römermauer – vielleicht also haben sich hier vor 2000 Jahren schon römische Soldaten zugeprostet. Charmant auch der Hausschnaps mit dem nicht ganz eingängigen Namen „Ostsibirischertelegrafenmastenwurzelschnaps".

Maritimes Interieur

Römermauer hinter dem Leuchtturm

Interessante Architektur auch schräg links gegenüber: Die Wolkenburg erstand 1734 aus den Ruinen eines mittelalterlichen Frauenklosters und dient heute als Veranstaltungsort. Rechts um die Ecke beginnt die Bobstraße, von der aus wir nach 200 Metern links in die Thieboldsgasse abbiegen. An der Ecke zur Lungengasse betreten wir das Thiebolds-Eck (Lungengasse 31, Mo–Sa ab 10.30 Uhr, → 2
So nur, wenn der FC spielt, www.thiebolds-eck.de).

Das Thiebolds-Eck

Jede Menge Devotionalien ...

Die klassische kölsche Eckkneipe frönt den kölschen Helden und ihren Insignien. Jede Menge Karnevalsorden schmücken die Theke, Hans Süper lacht vom Plakat und als Puppe, und in der Nische hinten rechts dominiert der FC: Schals, Schnappschüsse und mittig ein signiertes

Porträt von Geißbock-Legende Hans Schäfer, dem 1954er-Weltmeister. Kein Wunder, dass es hier vor allem samstags zu FC-Spielen knackevoll ist.

Bei d'r Tant

Karnevalsszenen an der Wand

Wir gehen durch die Lungengasse und links in die Fleisch-
mengergasse, um rechts auf die Cäcilienstraße abzubiegen.
Wenn wir sie an der ersten Fußgängerampel überqueren,
→ 3 stehen wir vor unserer nächsten Zapfstelle: Bei d'r Tant
(Cäcilienstraße 28, Mo–Sa ab 11 Uhr, www.bei-dr-tant.de).
Schon mindestens seit 1864 werden hier Gäste bewirtet –
der erste Wirt trug den bezeichnenden Namen Anton
Gerhard Dollhausen. Das Lokal hieß Cäcilienschenke, bis
1930 Arnold und Maria Kremer den Tresen übernahmen.
Maria soll sehr kinderlieb gewesen sein und die Kleinen mit

Zuckerstangen versorgt haben. Irgendwann sprach man dann nur noch von „d'r Tant". Sie war es auch, die nach dem Krieg und dem Tod ihres Gatten das völlig zerstörte Haus wieder aufbaute.

Die „Tant" liegt auf der Ecke zur Antonsgasse, die wir bis zur Schildergasse durchgehen. Wir folgen ihr nach links, schwenken (oder schwanken wir schon?) rechts in die Krebsgasse und nach 200 Metern links in die Glockengasse bis zur Kleinen Glocke (Glockengasse 58, Mo–Sa ab 16 Uhr, → 4
www.kleineglocke.com). Einst war diese hübsche Künstlerkneipe Treffpunkt der „Kölner Progressiven", hier verkehrten Avantgardisten wie Heinrich Hoerle, Max Ernst, Anton Räderscheidt oder auch der Fotograf August Sander. Mancher junge Künstler bezahlte hier mit seinen Werken, bevor er sich einen Kneipenabend wirklich leisten konnte. Bei einer Renovierung 2006 entdeckte man unter Farbschichten zwei Gemälde des Kölner Maler-Originals Toni May (1914–2004), die heute zu besichtigen sind.

Die Kleine Glocke

Wir gehen auf der Glockengasse zurück und überqueren die breite Tunisstraße (Nord-Süd-Fahrt), um nach links etwa 400 Meter an ihr entlangzugehen. Nun biegen wir rechts in

Unter Sachsenhausen ab, das zu An den Dominikanern wird. Am Kreisverkehr steigen wir hinab in die leicht unter

→ 5 Bodenniveau liegende Gaststätte Dominikaner (An den Dominikanern 2, Mo–So ab 15 Uhr). Hier taucht man ab in die frühe Nachkriegszeit. Dunkles Holz und rustikale Formen dominieren diese kleine, sympathische Bierhöhle. Ihr Name geht zurück auf das einstige Dominikanerkloster Heiligkreuz, in dem im 13. Jahrhundert Albertus Magnus wirkte. Er liegt ein paar Meter weiter in der Krypta von St. Andreas begraben.

Gaststätte Dominikaner nahe dem Bahnhof

Am Kreisverkehr schwenken wir links auf die Marzellenstraße. Mit dem Linksknick vor der Bahnunterführung

→ 6 beginnt der Ursulaplatz, der uns zur Schreckenskammer führt (Ursulagartenstraße 11, Dienstag bis Samstag ab 16.30 Uhr, www.schreckenskammer.com). Der Name rührt möglicherweise daher, dass das Lokal früher in der Johannisstraße 42 lag. Dort, so die Theorie, hätten zum Tode Verurteilte auf dem Weg zur Hinrichtungsstätte Weckschnapp ihre letzte Mahlzeit erhalten. Eigentlich naheliegend wäre jedoch der Bezug zur berühmten Goldenen Kammer von St. Ursula, die romanische Kirche liegt direkt gegenüber. Ein Brauhaus ist an dieser Stelle bereits für 1487 nachgewiesen, und mit dieser Tradition im Rücken wird das versteckt liegende gastronomische Kleinod bis heute geführt.

Tresen der Schreckenskammer

Die Goldene Kammer von St. Ursula

Wir folgen der Ursulagartenstraße 50 Meter bis zur Eintracht-
straße und biegen rechts ab. Nach weiteren 150 Metern
geht es links ab auf den Eigelstein, wo wir schnell vor dem
Weinhaus Vogel stehen (Eigelstein 74, Di–So ab 12 Uhr, → 7
www.weinhaus-vogel.de). Trotz des Rebenbezugs im Namen
ist „der Vogel“ vor allem eine wunderbare Bierschänke.

Der langgestreckte Gastraum diente früher den Kutschen zur Anlieferung der Fässer. Links wiederum liegt die hübsche Schwemme, in der man immer mindestens ein Kölsch mehr trinkt, als man wollte. Der Name geht zurück auf Josef Vogel, der hier 1898 seine Hausbrauerei Zur Sonne eröffnete.

Das Weinhaus Vogel

Das Anno Pief

Schräg gegenüber vom „Vogel“ beginnt das pittoreske Sträßchen Im Stavenhof. Früher dominierte das Rotlicht, heute stehen hier die begehrtesten Häuser des Eigelsteinviertels. Und außerdem findet man zur Rechten eine weitere, abseits der üblichen Wege gelegene Kneipe: das Anno Pief (Im Stavenhof 8, Di–So ab 18 Uhr, www.anno-pief.de). 1981 eröffnet, wandelte das Lokal mehrfach sein Gesicht: vom beliebten nächtlichen Absackerschuppen zur Live-Jazzkneipe und schließlich zum soliden Veedelstreff von heute. Wer will, kann hier auf zwei originalen Kirchenbänken Platz nehmen. Laut Aussage des Wirtes stammen sie aus dem Dom – wer's glaubt, wird mit Sicherheit selig.

Kirchenbank im Anno Pief

Der Durst auf der Weidengasse

Wir durchqueren den Stavenhof bis zum Ende, wechseln links auf den Gereonswall und nach 100 Metern rechts auf die Weidengasse. Hier entern wir den letzten Schuppen unserer gastronomischen Reise: den Durst (Weidengasse 87,

Mo–Sa ab 20 Uhr). Der Name ist Programm, hat jedoch auch einen kulturellen Hintergrund. Er stammt von einem feuchtfröhlichen Einakter des irischen Schriftstellers Flann O'Brien. Die ehemalige Animierbar wurde 1993 zu einer Kneipe mit Charakter: Weder die Musik (zwischen Punk und Indie-Rock) noch die Gäste (Künstler, Trinker, Tagediebe) sind hier von der Stange. Klein, laut und düster – der Durst hat alles, was eine gute Kneipe braucht. Und verdammt lange auf hat er auch.

Der Name ist Programm

Tipps:

Wer noch nicht genug hat, mag dieselbe Tour wieder zurückgehen oder weiter gen Norden ins Agnesviertel und nach Nippes zu folgenden Kneipen wandern: Stüsser (Neusser Straße 47), Kornbrenner (Neusser Straße 171), Flora 6 (Florastraße 6), Golde Kappes (Neusser Straße 295), Alt Neppes (Neusser Straße 301) und Schill-Eck (Neusser Straße 325a).

Informationen zum Autor

Bernd Imgrund wurde 1964 in Köln geboren und lebt dort noch immer. Der *Spiegel*-Bestsellerautor hat rund 40 Bücher veröffentlicht. Im Greven Verlag erschienen zwei Stadtführer mit *Thematischen Touren durch Köln*, der Band *1211 Wohnungen. Wie Chorweiler vor den Heuschrecken gerettet wurde*, die Trilogie *Kölner Schlagzeilen 1970er, 1980er, 1990er* und das True-Crime-Buch *Köln Kriminell.*

Abbildungsnachweis

7, 11, 13 o.: Reinhard Matz
10, 36, 104 u.: © Florian Monheim
37 o.: www.grevenarchivdigital.de, Kölnische Rundschau, Hans-Peter Orth
40, 42, 67: Wikimedia Commons, Raimond Spekking, CC BY-SA 4.0
44 u., 48, 50 u., 53: NS-Dokumentationszentrum der Stadt Köln
49: www.grevenarchivdigital.de, Kölnische Rundschau, Jochen Dziedzic
57 u., 70: www.grevenarchivdigital.de, Celia Körber-Leupold
63, 66: Wikimedia Commons, Robert Diedrichs, CC-BY-SA-3.0-DE
69 u.: Wikimedia Commons, gemeinfrei
71: www.grevenarchivdigital.de, Kölnische Rundschau, Hansherbert Wirtz
86: www.grevenarchivdigital.de, Manfred Linke
Alle anderen: © Barbara Thoben

Umschlag vorne: Skulpturen im Stammheimer Schlosspark
Umschlag hinten: St. Pantaleon

Impressum

Lektorat: Wera Reusch, Köln
Gestaltung und Satz: Clara Neumann, Christina Schmid, Stuttgart
Gesetzt aus der ABC Favorit
Kartografie: Peter Palm, Berlin
Lithografie: prepress, Köln
Papier: 100 g/m² Schleipen Fly 05
Druck und Bindung: Beltz, Bad Langensalza

ISBN 978-3-7743-0972-2
Detaillierte Informationen über alle unsere Bücher finden Sie unter:
www.greven-verlag.de